Hans Josef Möhrer und Gerhard Buchner

So lernst du Gitarre spielen 2

Barré- u. Melodiespiel

SONG EXPRESS

CIP-Titelaufnahme der Deutschen Bibliothek

Möhrer, Hans Josef:
So lernst du Gitarre spielen : [Lieder, Songs u. Gospels] / Hans Josef Möhrer u. Gerhard Buchner. – München : F. Schneider.
(Song-Express)
NE: Buchner, Gerhard:

Bd. 2. Barré- u. Melodiespiel / [Ill.: Dieter Mettelsiefen ; Bernd Tölzel]. – 1988
ISBN 3-505-09808-6

8000 München 40 · Frankfurter Ring 150
Umschlagbild: Eva Lindenburger, Kastl
Umschlaggestaltung: Adolf Bachmann, Reischach
Illustrationen: Dieter Mettelsiefen, Bernd Tölzel
Lektorat: Sibylle Schneider
Herstellung: Josef Loher
Notensatz: Randy R. Cole, Wörthsee
Satz/Druck: ADV-Augsburger Druck- und Verlagshaus, GmbH, Augsburg
ISBN: 3 505 09808-6
Bestell-Nr.: 9808

Inhalt

Vorwort

Gewiß: Viele Lieder und Songs lassen sich mit einfachen Akkordgriffen begleiten. Doch wie oft kommt es vor, daß dir dazwischen ein Barrégriff – zum Beispiel Hm – fehlt, und dann quälst du den ungeübten Barréfinger über die Saiten und stöhnst. Das muß wirklich nicht sein. Dieser kleine Gitarrenkurs verhilft dir zu einem sicheren, „schmerzlosen“ Umgang mit Barrégriffen. Außerdem führt er in das einstimmige Melodiespiel ein und vermittelt dir so eine solide Grundlage zum Improvisieren.
Voraussetzung ist freilich, daß du schon die einfachen Gitarrengriffe in den wichtigsten Tonarten und verschiedene Anschlagtechniken kennst und beherrschst. Wenn du also über solche Grundkenntnisse verfügst, d. h., wenn du den ersten Band „So lernst du Gitarre spielen“ durchgearbeitet hast, dann ist dieser Kurs die richtige Fortsetzung. Er baut, ebenso wie der erste, von Anfang an auf Liedern auf. Wieder bilden jeweils **linke** und **rechte Seite** eine Lerneinheit: Auf der rechten Seite steht im „Barré-Teil“ immer ein **Lied** zur Einübung eines *neuen Griffes* oder einer *Anschlagtechnik;* auf den linken Seiten werden neue *Griffbilder* und *Griffwechsel* sowie *Rhythmus-* und *Anschlagmuster* vorgestellt. Im „Melodie-Teil“ enthält die linke Seite jeweils Tonleiterübungen in *Noten- und Tabulaturschrift;* auf den rechten Seiten befinden sich entsprechende Liedmelodien.
Zwischen Barré- und Melodie-Teil sind einige Songs eingeschoben, durch die du verschiedene „ausgefallene“ Griffe kennenlernst. Sie sind dazu da, besondere Akkordfarben ins Spiel zu bringen. Am Ende des ganzen „Lehrgangs“ hast du dein Repertoire um mehr als 50 Lieder und Songs erweitert und kannst auch in schwierigen Tonarten ohne Kapodaster begleiten!

Die kleine Gitarrenmaus begleitet dich wieder auf humorvolle Weise durch unseren Kurs und gibt dir Hinweise auf den **Theorie-Teil.** Er enthält u. a. die *systematische Darstellung der Barrégriffe* und *verschiedene Tonleiter-Modelle für das Melodiespiel.*

Im Anhang findest du, neben einer übersichtlichen **Grifftabelle** und einem **Verzeichnis der Lieder,** ein **Schlagwortregister,** das auch Band 1 einbezieht (wenn in diesem Buch auf „Band 1“ verwiesen wird, so ist damit immer der erste Band von „So lernst du Gitarre spielen“ gemeint).

Du kannst diesen Gitarrenkurs durchaus alleine durcharbeiten – vorausgesetzt, du kontrollierst dich selber, z. B. mit Hilfe eines Tonbandes. Mehr Spaß macht es in einer Gruppe. Und den sichersten Erfolg hast du natürlich mit einem Lehrer, der dir manches, was wir hier nur mit gedruckten Worten, Noten und Bildern vermitteln können, praktisch zeigen kann.

Auf jeden Fall wünschen wir dir vollen Erfolg und überhaupt viel Spaß am Gitarrespielen!

Hans Josef Möhrer
und Gerhard Buchner

Tonart: F-Dur 1
Taktart: ²⁄₄-Takt mit „Auftakt“
Erster Barrégriff:

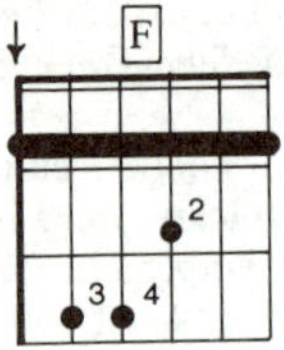

Die weiteren Griffe C, C^7 und G^7 werden hier ohne Barré ausgeführt (siehe Bd. 1).
Der Barrégriff F ist der erste in der E-Reihe (vgl. Seite 155): Lege den Zeigefinger (der linken Hand) fest über alle Saiten, möglichst dicht am ersten Bundstäbchen, so daß alle Saiten gleichermaßen einen halben Ton höher klingen.

Übung: Greife E mit den Fingern 2, 3 und 4; rücke dann einen Bund höher und lege zusätzlich den Zeigefinger quer über alle Saiten am I. Bund. Wiederhole diese Übung mehrmals hintereinander.

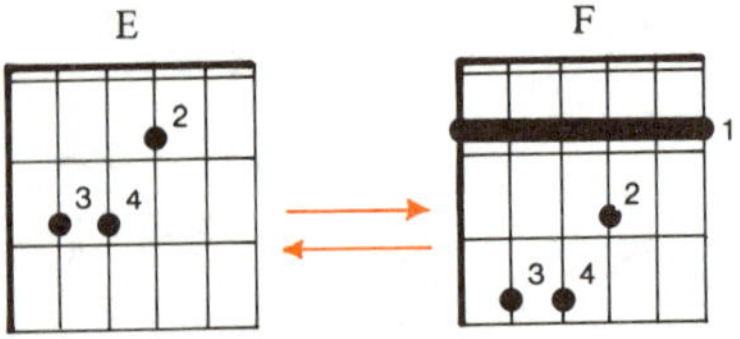

Übe dann den Griffwechsel:

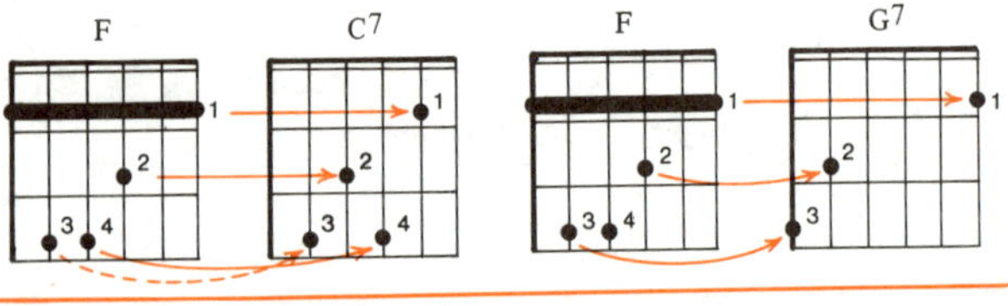

Auf einem Baum ein Kuckuck

2. Da kam ein junger Jägers-,
simsaladim, bamba, saladu, saladim,
da kam ein junger Jägersmann.

3. Der schoß den armen Kuckuck,
simsaladim, bamba, saladu, saladim,
der schoß den armen Kuckuck tot.

4. Und als ein Jahr vergangen,
simsaladim, bamba, saladu, saladim,
und als ein Jahr vergangen war,

5. da war der Kuckuck wieder,
simsaladim, bamba, saladu, saladim,
da war der Kuckuck wieder da.

Volkslied

Begleitung: wie beim folgenden Lied.

Tonart: C-Dur
Taktart: C = 4/4-Takt mit Synkopen
Akkordgriffe: F (mit Barré), C, G, G^7, Am

2

Griffwechsel:

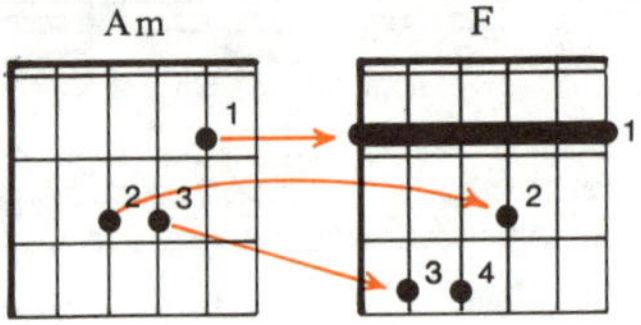

Begleitung: Ab- und Aufwärtsschläge mit dazwischengeschobenen „stummen" Schlägen (vgl. Band 1, Seite 176).

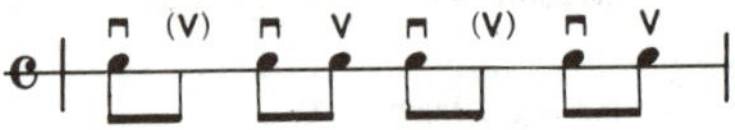

Old folks at home

2. All round the little farm I wandered when I was young;
The many happy days I squandered, many the songs I sung.
When I was playing with my brother happy was I.
Oh! Take me to my kind old mother, there let me live and die!
Chorus

3. One little hut among the bushes, one that I love,
Still sadly to my mem'ry rushes, no matter where I rove.
When will I see the bees a-humming, all round the comb?
When will I hear the banjo tumming down in my good old home.
Chorus

Words and Music: Stephen C. Foster

Tonart: C-Dur **3**
Taktart: 4/4-Takt
Die Melodie kann auch eine Oktave tiefer gesungen werden.
Akkordgriffe: C, G, Am, Em, F, Dm^7, G^7, D, D^7

Neuer Griffwechsel:

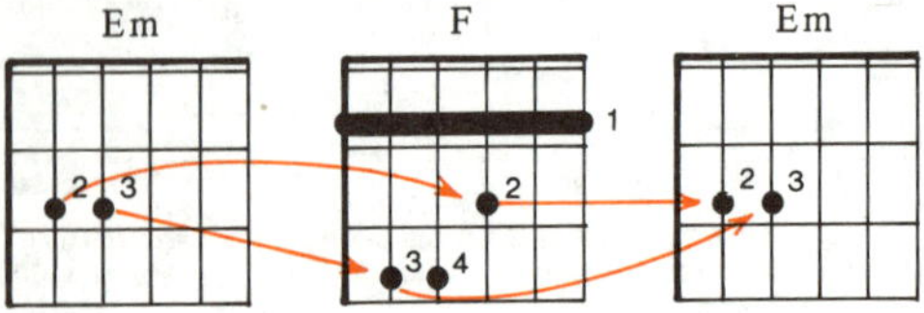

Begleitung: Ab- und Aufwärtsschläge mit Synkopen (vgl. Band 1, Seite 28):

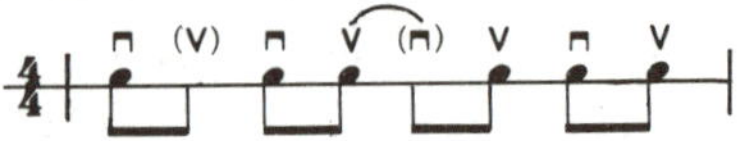

Vgl. Band 1, Seite 28

Streets of London

Straßen unserer Stadt

Originaltext und Musik: Ralph McTel, deutscher Text: Christian Heilburg

Tonart: F-Dur (Refrain) und f-Moll (Strophen) 4
Taktart: ¾-Takt mit Auftakt
Akkordgriffe: F, C, C^7

neu:

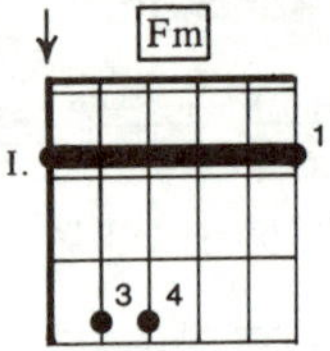

Der Fm-Griff unterscheidet sich vom F-Griff nur dadurch, daß der 2. Finger aussetzt.
Entsprechend einfach ist der Griffwechsel:

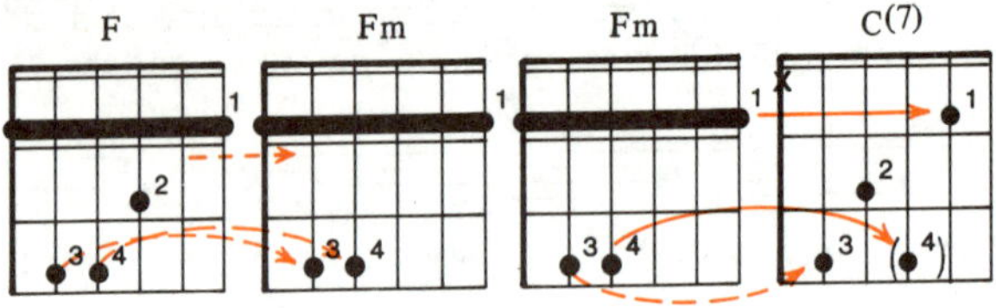

Begleitung im Walzerrhythmus mit „akkordischem Zupfen" (vgl. auch Band 1, Seite 44):

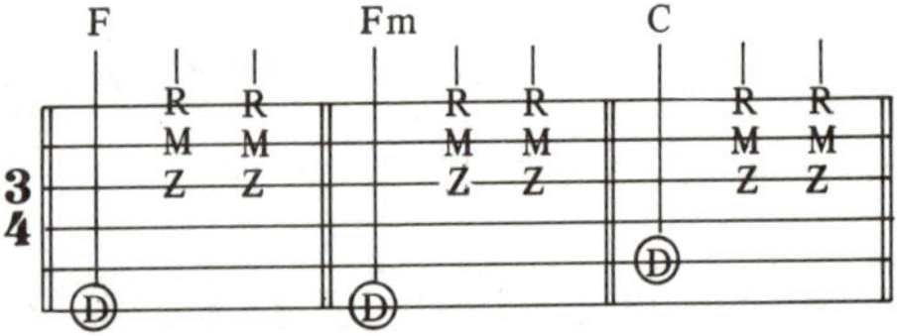

Anmerkung: Das Lied wird auch in terzverwandten (Parallel-) Tonarten gesungen, d. h. also hier z. B. in As-Dur (Ab) und f-Moll (As-Dur siehe Seite 92).

Ma come balli bene bimba

Übersetzung:

1. Ma come balli bene bimba . . .
Schau mal, du dreht sich das Bauernmädchen
wendig und zierlich, wie tanzt sie gut.

2. Ma come balli bene bimba . . .
Tanzt in der Früh schon, tanzt bis zum Abend.
Leicht wie ein Vogel schwebt sie dahin.

Aussprachehilfe:

che: *ke*
agile: *adschile*
legera: *ledschera*

Italienisches Volkslied

5

Tonart: F-Dur
Taktart: ¢ = Alla breve
(vgl. Band 1, Seite 174)
Akkordgriffe: F, C, C^7, G^7

neu:

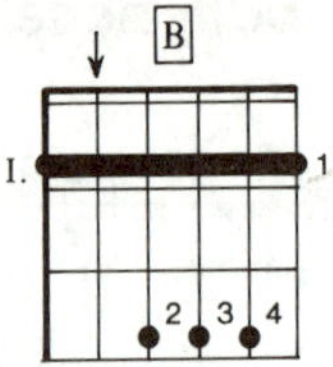

Der erste Barrégriff aus der A-Reihe (siehe Seite 155).

Übung: Greife den A-Akkord mit den Fingern 2, 3 und 4, rücke dann einen Bund höher und lege zusätzlich den Zeigefinger über alle Saiten am I. Bund (mehrmals wiederholen!):

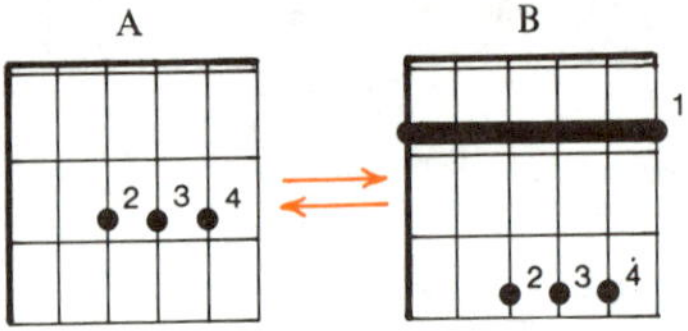

Griffwechsel:

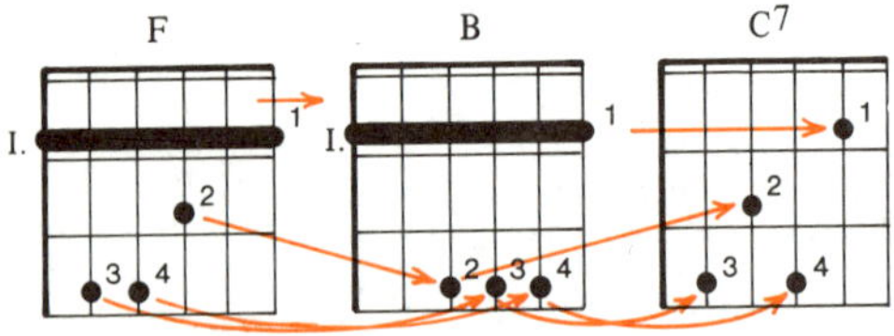

Begleitung: Ab- und Aufwärtsschläge mit „Brush" (vgl. Band 1, S. 56).

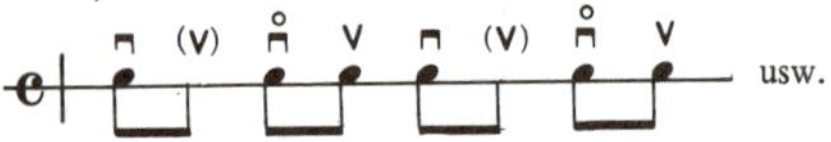

Frankfurt*) ist 'ne schöne Stadt

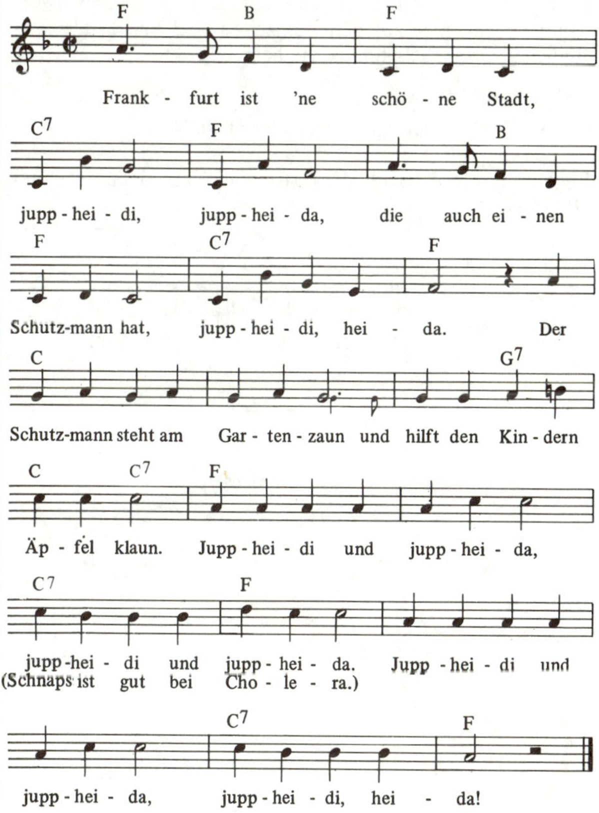

*) Hier kann man jeden Städtenamen einsetzen!

Text und Melodie mündlich überliefert

Tonart: F-Dur **6**

Taktart: 6/4-Takt, mit Auftakt auf der Zählzeit 5; die Schwerpunkte liegen hier auf den Zählzeiten 1, 3 und 5, also ein ähnlicher Dreier-Rhythmus wie beim 3/4-Takt.

Akkordgriffe: F, B, C^7

Griffwechsel wie in den Liedern Nr. 1 und 5.

Begleitung: Auf- und Abwärtsschläge mit Daumen und „Brush“.

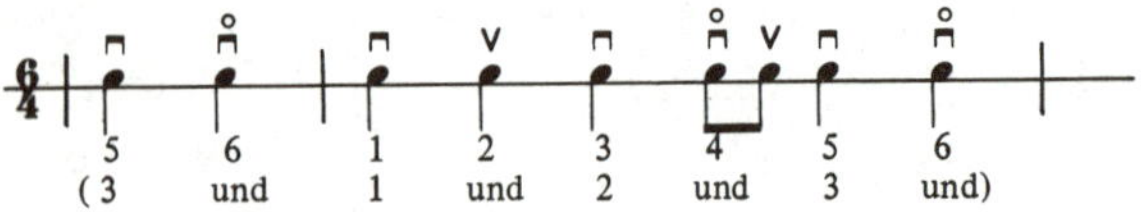

Vgl. Band 1, Seite 56

Ein Tiroler wollte jagen

2. Und der Gemsenjäger wollte
zu des Försters, Försters Töchterlein,
doch sie lacht ihm ins Gesichte,
und sie läßt ihn, läßt ihn nicht herein.

3. Meine Mutter will's nicht leiden,
daß ich einen, einen Jäger führ,
und ich lieb schon einen andern,
einen stolzen, jungen Kanonier.

Volkslied

7

Tonart: F-Dur
Taktart: 3/2-Takt mit Auftakt
Zähle wie im 3/4-Takt:

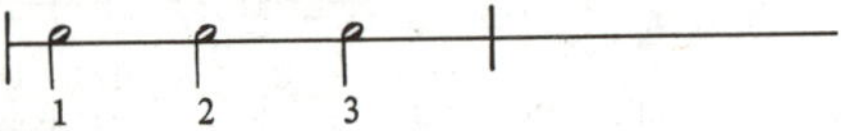

Akkordgriffe: F (Barré), B (Barré) und C^7
Griffwechsel: F – B – F (wie in Lied Nr. 5).
Schlagmuster für die Begleitung:

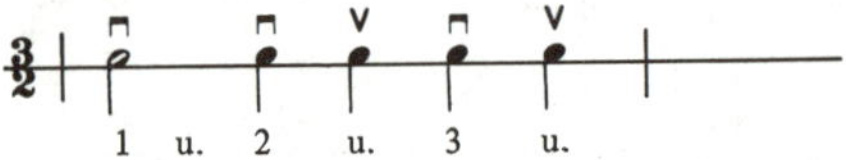

Amazing grace

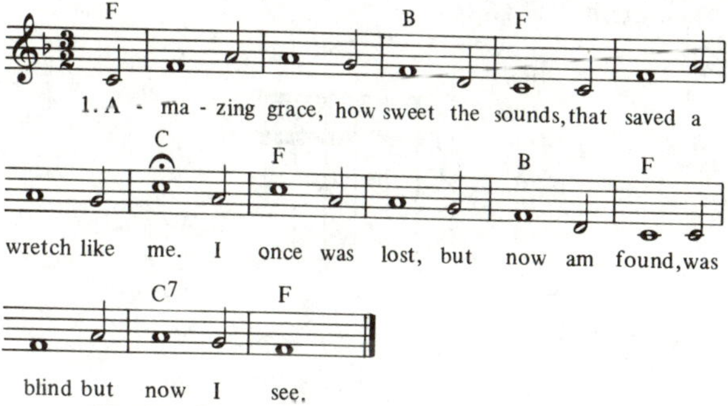

2. 'T was grace that taught my heart to fear,
and grace my fears relieved;
how precious did that grace appear
the hour I first believed.

3. Thro's many dangers, toils and snares,
I have already come;
'Tis grace hath bro't me safe thus far,
and grace will lead me home.

4. How sweet the name of Jesus sounds
in an believer's ear.
It soothes his sorrows, heals the wounds,
and drives away his fear.

5. Must Jesus bear the cross alone
and all the world go free?
No, there's a cross for ev'ry one
and there's a cross for me.

Text: John Newton (1725–1807) · Melodie aus Engalnd

Tonart: F-Dur
Taktart: C = 4/4-Takt mit Auftakt
Akkordgriffe: F, C^7, E

neu:

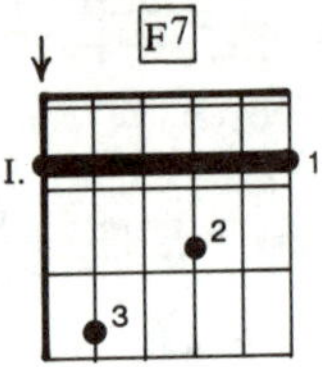

Griffwechselübung:

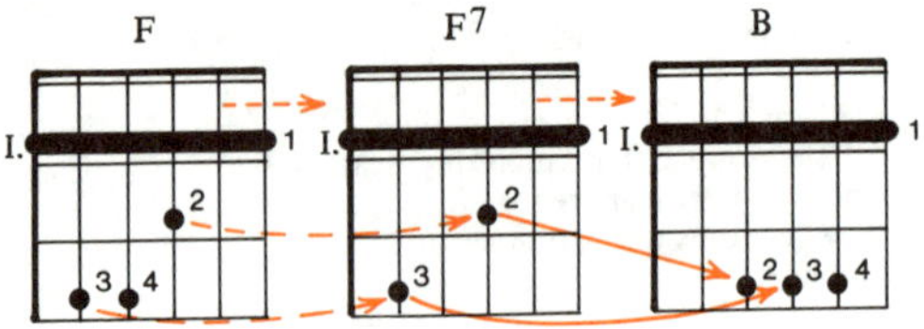

Beim Wechsel von F zu F^7 hebt nur der 4. Finger ab. Begleitung wie im Vorspiel des nächsten Liedes (mit Synkopen).

An den Ufern des Mexiko River

2. Bin im Westen von Texas geboren,
mit den Pferden da kenn ich mich aus.
Seht dort drüben am Waldrand, dort stehet
mein geliebtes Rancherhaus.

3. Wenn am Abend die Feuer entflammen,
dann schlägt höher dem Cowboy das Herz.
Und er träumt von vergangener Liebe
und von Treue und Sehnsucht und Schmerz.

4. Wenn ich einmal muß reiten ins Jenseits,
wenn gekommen mein letzter Tag,
dann grabt mir, ihr Cowboys, als Letztes
an den Ufern des River mein Grab.

Text: mündlich überliefert · Melodie nach „Red River Valley“

9

Tonart: C-Dur
Taktart: ¼-Takt in raschem Rock-Tempo
Akkordgriffe: C, C^7, F^7, G^7
Zwei neue Griffwechsel kommen vor:

a)

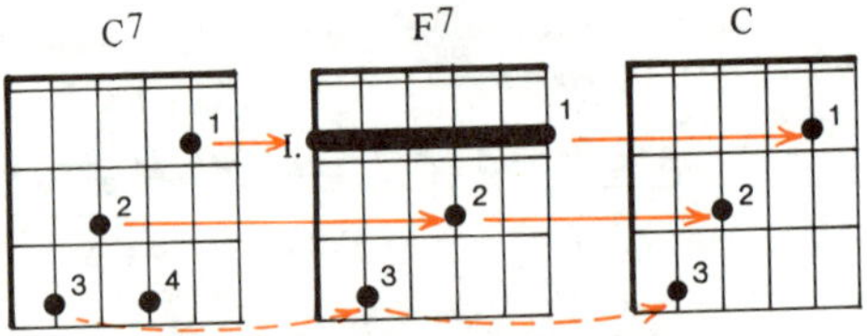

b)

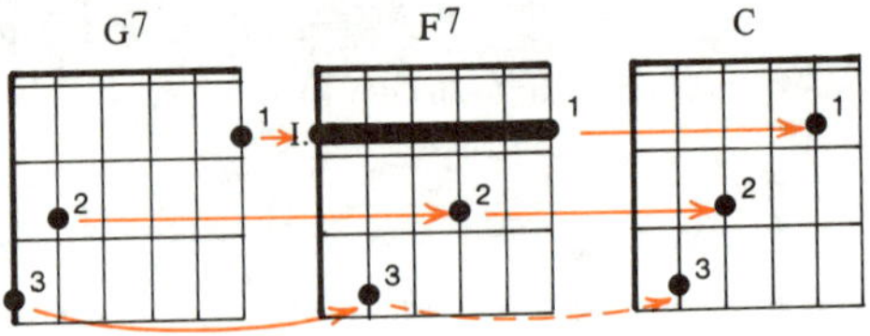

Für Vorspiel und Strophen wählen wir verschiedene Begleitrhythmen:

Vorspiel:

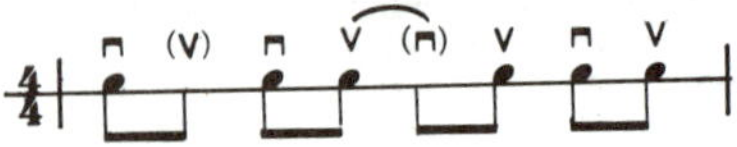

Strophen:

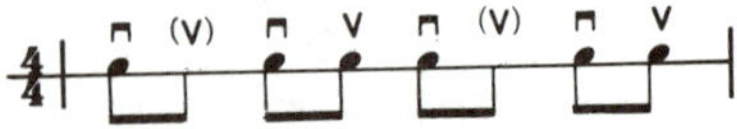

Übe v. a. das Vorspielmuster, ohne gleich dazu zu singen.

Rock around the clock

Originaltext und Musik: Max. C. Freedmann, Jimmy de Knight

Tonart: F-Dur **10**
Taktart: ¢ = Alla breve
Akkordgriffe: F, F^7, C^7, B, Dm, G^7, A^7

neu:

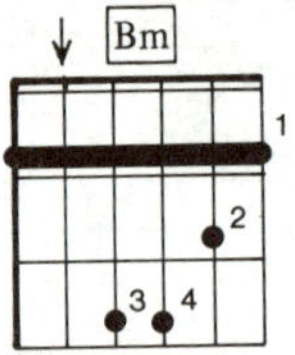

Beim Griffwechsel von Bm zu F bleiben die Finger 2, 3 und 4 am selben Bund; sie werden nur um je eine Saite versetzt:

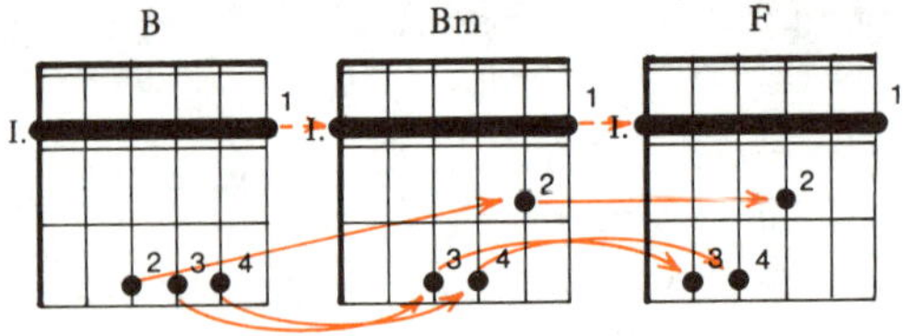

Übe die Griffwechsel vor und zurück!

Einfaches Schlagmuster für die Begleitung:

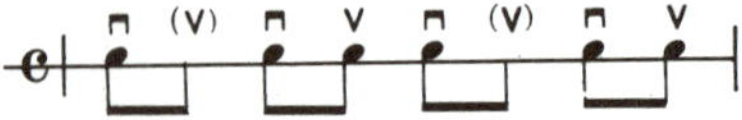

Waiting for a train

Musik und Originaltext: Jimmie Rodgers

Tonart: e-Moll
Taktart: 2/4-Takt; langsames Marschtempo.
Akkordgriffe: Em, Am

11

neu:

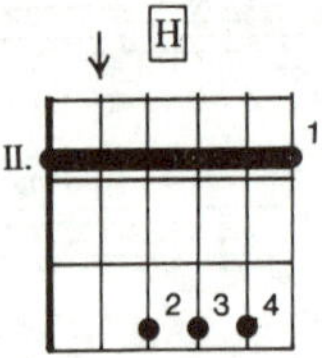

Der H-Griff baut, ebenso wie der B-Griff, auf der A-Reihe auf. Der Zeigefinger wird jedoch am II. Bund angelegt.
Der Griffwechsel von Em zu H und umgekehrt erfordert erstmals einen Wechsel der Lage (vgl. Seite 153), d. h., die Griffhand muß ihre bisherige feste Position am obersten Teil des Gitarrenhalses aufgeben und von einem Bund zum anderen wandern. Von Em zu H müssen der 2. und 3. Finger sogar zwei Bundabstände überwinden.

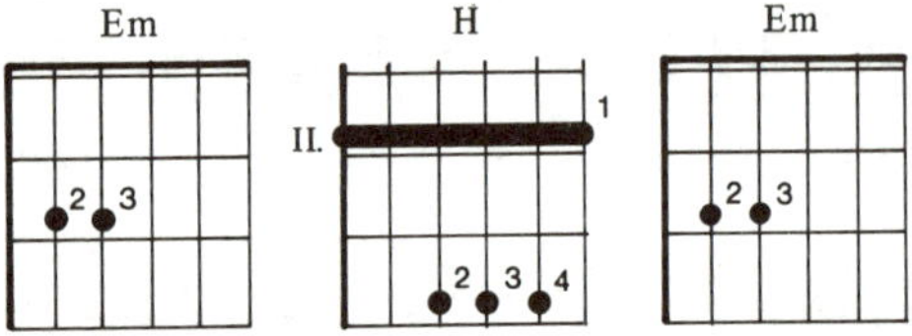

Übung: Versetze die Greiffinger 2 und 3 zunächst mehrmals stumm vom II. Bund der A- und D-Saite zum 4. Bund der D- und g-Saite mit zusätzlichem Einsatz des 4. Fingers auf der h-Saite; dann erst lege den Zeigefinger am II. Bund für den vollen H-Griff dazu.

Begleitung:

Die Moorsoldaten

2. Hier in dieser öden Heide
ist das Lager aufgebaut,
wo wir fern von jeder Freude
hinter Stacheldraht verstaut.
Wir sind die Moorsoldaten
und ziehen mit dem Spaten ins Moor.

WIR SIND DIE MOORSOLDATEN
Text: W. Langhoff, Esser
Musik: R. Goguel

12

Tonart: e-Moll
Taktart: ²⁄₄-Takt mit Auftakt; schnelles Tempo
Akkordgriffe: Em, D^7, G, C, A^7, D, Am

neu:

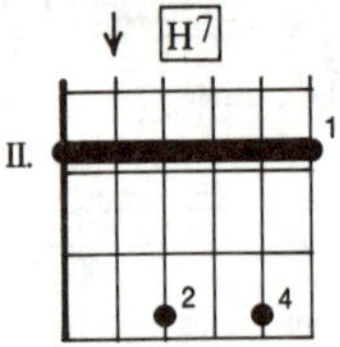

Der H^7-Barré-Griff unterscheidet sich vom H-Griff nur dadurch, daß der 3. Finger aussetzt. Entsprechend einfach ist der Wechsel von H zu H^7:

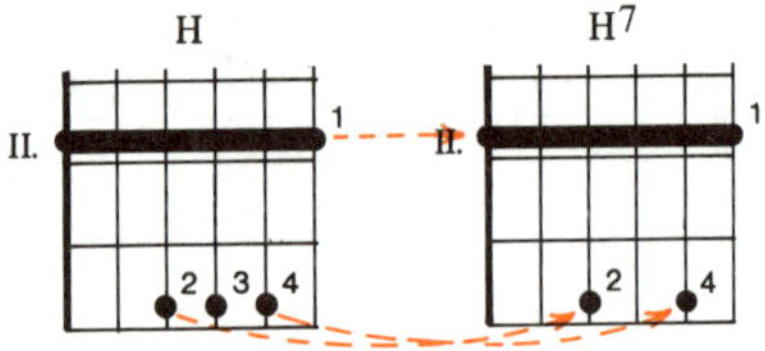

Begleitung:

Refrain

Strophe

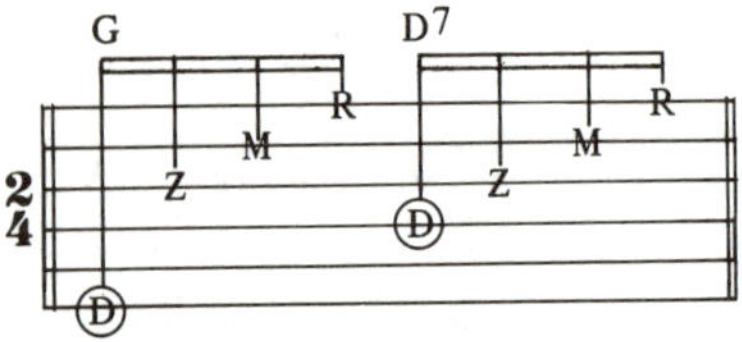

Kalinka

Volkslied aus Rußland

Tonart: E-Dur
Taktart: C = $\frac{4}{4}$-Takt
Akkordgriffe: E, E^7, A, H, H^7

13

Im ersten Band haben wir den einfachen Akkordgriff H^7 ohne Barré kennengelernt (siehe Band 1, Seite 14). Er ist auch hier zwischen A und E anwendbar. Trotzdem solltest du hier zur Einübung immer den Barrégriff verwenden. Er ist vor allem nach H der einzig richtige Griff, weil er sich so problemlos anschließen läßt.

Begleitung:

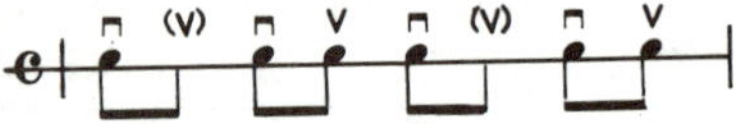

Swing low, sweet chariot

2. If you get there before I do,
Comin' for to carry me home
Tell all my friends I'm comin' too,
Comin' for to carry me home!

3. De brightest day dat ever I saw,
Comin' for to carry me home
When Jesus washed my sins away,
Comin' for to carry me home!

Text und Melodie: Gospel

14

Tonart: e-Moll; Refrain: E-Dur
Taktart: 4/4-Takt mit Auftakt
Akkordgriffe: Em, H^7, D^7, G, Am, E, H, A
Begleitung: Im Vorspiel folgen wir genau dem Rhythmus der Melodie; schlage die Triole auf der zweiten (Viertel-) Zählzeit, so wie in Lektion Nr. 25 beschrieben.

Im *Refrain* schlagen wir regelmäßige Achtel mit einer rhythmischen Punktierung auf die Zählzeit 1:

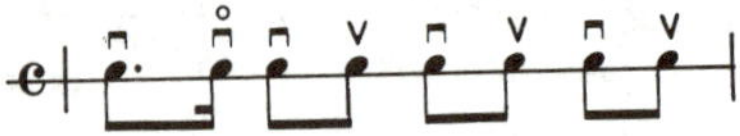

Ich ziehe meine dunkle Straße

Vorspiel:

Text und Melodie: Klaus Kleinau
Aus: Weil du ja zu mir sagst (BE 218)

15

Tonart: D-Dur
Taktart: ⁴⁄₄-Takt mit Synkopen
Akkordgriffe: D, A^7, G, A, Em

neu:

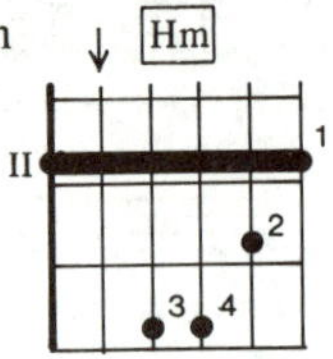

Der neue Barrégriff Hm stammt ebenfalls aus der A-Reihe; er entspricht Am um zwei Bünde nach oben versetzt, mit zusätzlichem Barréfinger (II. Lage).

Übe den Wechsel von H zu Hm und zurück:

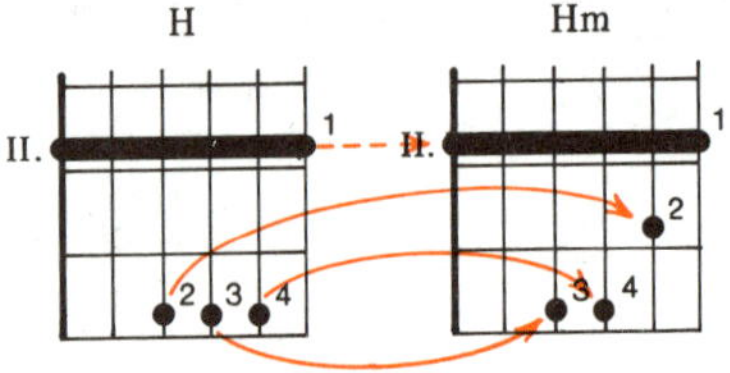

Begleitung: Den *Chorus* schlagen wir im einfachen Rhythmus, wie z. B. bei Lied Nr. 13. Den *Verse*-Teil begleiten wir im Einzelton-Anschlag (vgl. Band 1, Seite 84 und Seite 165 ff.), wobei im 3. Takt akkordisches Zupfen eingeschoben wird (vgl. Bd. 1, Seite 44).

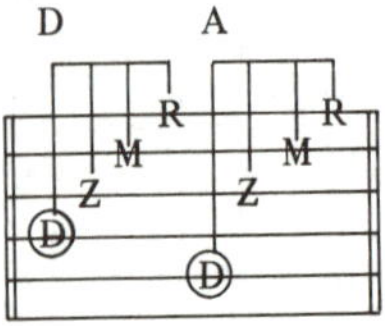

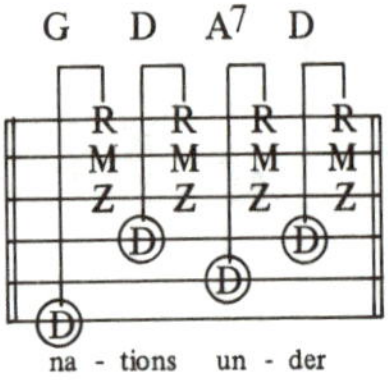

My Lord, what a mourning

2. You'll hear the sinner mourn, to wake the nations underground, looking to my God's right hand, when the stars begin to fall.

3. You'll hear the Christian shout, to wake the nations underground, looking to my God's right hand, whenn the stars begin to fall.

Negro Spiritual

Tonart: D-Dur 16
Taktart: 4/4-Takt mit Auftakt
Akkordgriffe: D, G, A,^{7}, Hm
Begleitung: Einzeltonanschlag, wobei Daumen und Zeigefinger auf die Zählzeiten 1 und 3 gleichzeitig zwei Töne anschlagen (vgl. auch Bd. 1, Seite 150).

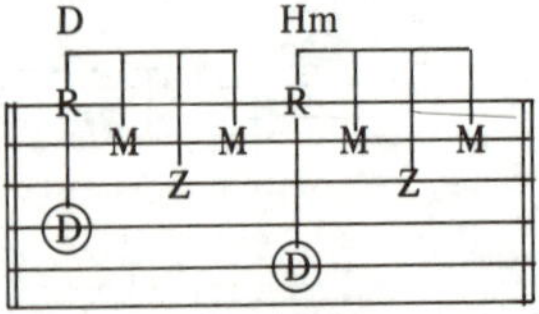

Should auld acquaintance

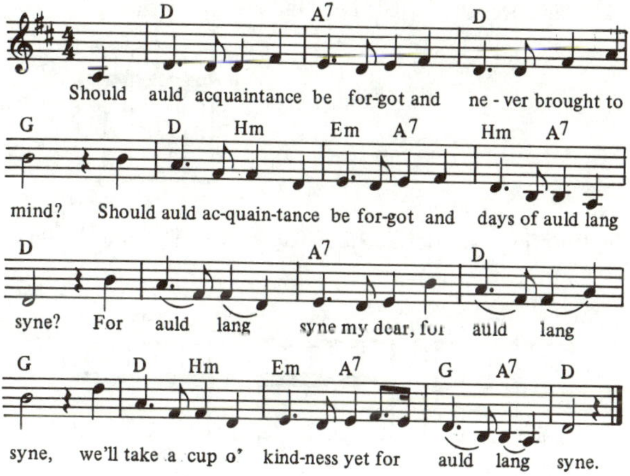

2. And there's a hand, my trusty friend,
and gie's a hand o'thine,
we'll take a right guid-willie-waught
for the sake of auld lang syne.
For auld lang syne . . .

Text und Melodie: Robert Burns (1759–1796)

Tonart: A-Dur

Taktart: ⁴⁄₄-Takt mit Auftakt

Akkordgriffe: A, E, E^7, H^7, Hm

neu:

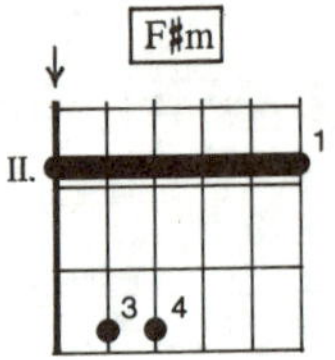

Ein Barrégriff aus der E-Reihe (siehe Seite 156) am II. Bund.

Übung:

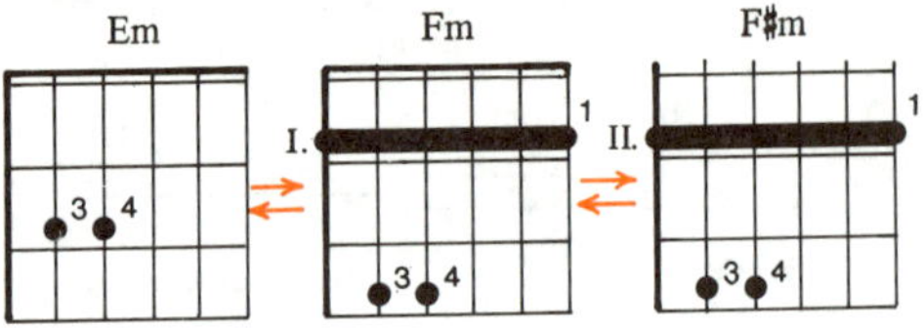

Wir verwenden schon für den Em-Griff den 3. und 4. Finger, gleiten dann mit der Hand jeweils einen Bund höher und setzen den Barréfinger am I. bzw. II. Bund dazu. Übe diese Akkordversetzungen vor und wieder zurück, und achte auf einen guten Klang, wenn du mit dem Daumen über die Saiten streichst.

Begleitung: *Strophen* mit dem einfachen bekannten Schlagrhythmus;

Refrain mit z. T. punktiertem Rhythmus (wie bei Lied Nr. 14).

Strophen:

Refrain:

Wohlauf, die Luft geht frisch und rein

Text von Josef Victor von Scheffel (1826–1886)
Melodie von Valentin Eduard Becker (1861)

Tonart: A-Dur
Taktart: ¾-Takt
Akkordgriffe: A, E^7, H^7, F♯m, Hm

18

Beim Griffwechsel von F♯m nach Hm bleibt der Zeigefinger am II. Bund liegen. Die anderen Finger wandern:

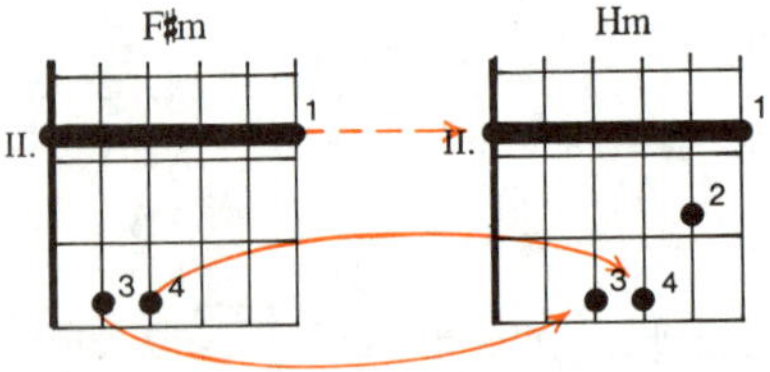

Griffwechsel von E^7 zu F♯m:

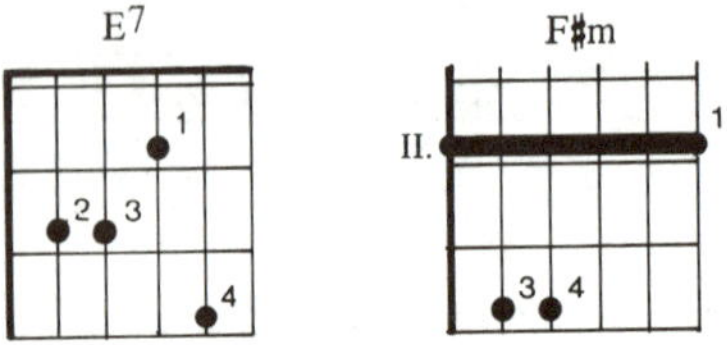

Begleitung: Akkordisches Zupfen des vollen Akkords im Wechsel mit Einzeltonanschlag. Daumen schlägt Grundbaß an.

1. Teil:

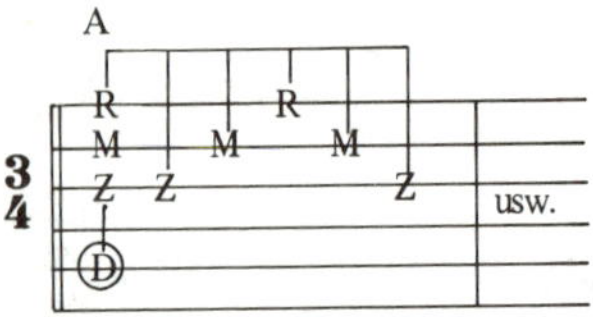

2. Teil: (nach Wiederholung)

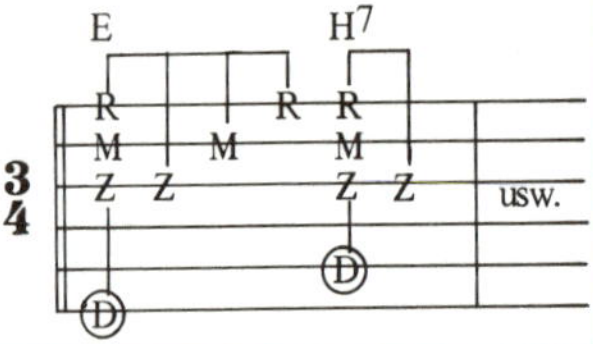

Ännchen von Tharau

2. Käm alles Wetter gleich auf uns zu schlahn,
wir sind gesinnt, beieinander zu stahn.
Krankheit, Verfolgung, Betrübnis und Pein
soll unserer Liebe Verknotigung sein.
Ännchen von Tharau, mein Reichtum, mein Gut,
du meine Seele, mein Fleisch und mein Blut.

Den Text dichtete Heinrich Albert (nach anderen Quellen: Simon Dach) 1637 zur Hochzeit der Pfarrerstochter Anke Neander aus Tharau, einem nahe Königsberg gelegenen Ort. Joh. Gottfried Herder übertrug das Lied ins Hochdeutsche. Melodie: Friedrich Silcher (1827).

19

Tonart: h-Moll, verfremdet nach e-Moll, endend in D-Dur
Taktart: ¢ = Alla breve mit Auftakt
Akkordgriffe: Em, A^7, D, Hm, G, C

neu:

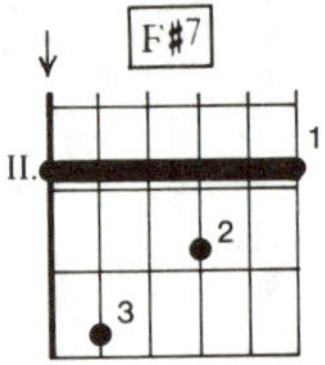

Übung zum Griffwechsel:

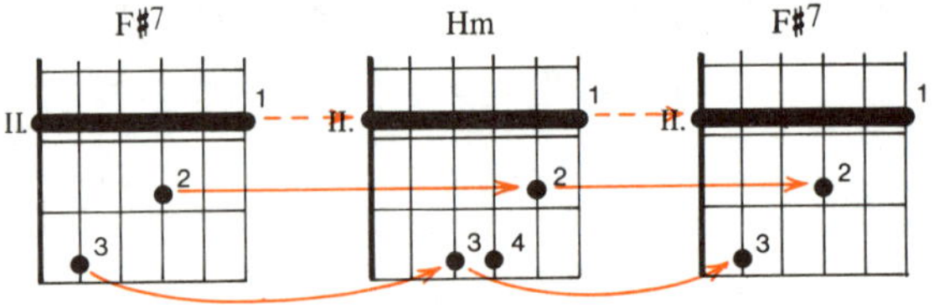

Begleitung: Schlagrhythmus mit Synkope.

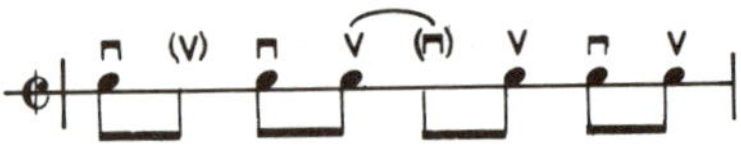

All my loving

Text und Melodie: John Lennon und Paul McCartney

Tonart: D-Dur
Taktart: 6/8-Takt
Akkordgriffe: D, A, A^7, G, $F\sharp^7$, Hm

20

Griffwechsel:

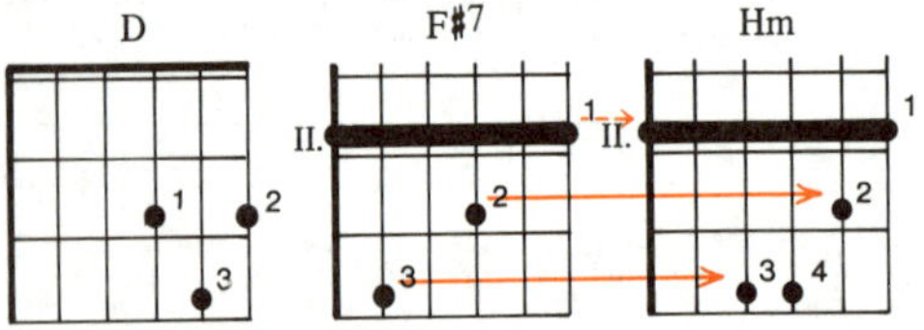

Beim Wechsel von $F\sharp^7$ zu Hm bleiben Mittel- und Ringfinger am selben Bund, versetzt um zwei Saiten; der 4. (kleine) Finger tritt neu hinzu.

Begleitung: Akkordisches Zupfen mit gleichzeitigem Anschlag von Daumen und Ringfinger, bzw. Mittelfinger und Wechselbaß (vgl. Bd. 1, Seite 167).

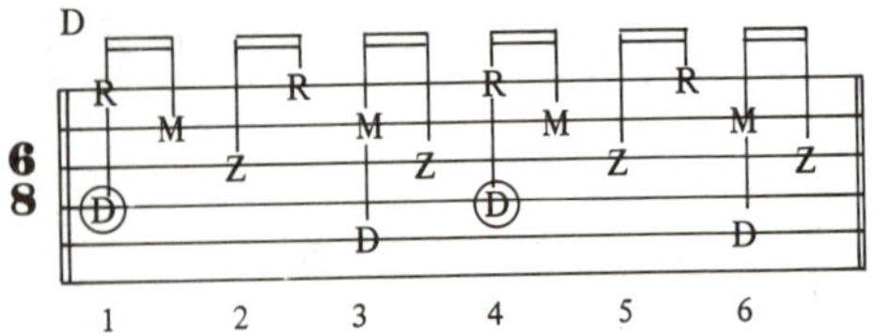

Heideröslein

2. Knabe sprach: Ich breche dich
Röslein auf der Heiden!
Röslein sprach: Ich steche dich,
daß du ewig denkst an mich,
und ich will's nicht leiden.
Röslein …

3. Und der wilde Knabe brach
's Röslein auf der Heiden;
Röslein wehrte sich und stach,
half ihm doch kein Weh und Ach,
mußt' es eben leiden.
Röslein …

Text: Joh. Wolfgang v. Goethe (1771); Melodie: Heinrich Werner (1827)

21

Tonart: H-Dur
Taktart: C = 4/4-Takt mit Synkopen
Akkordgriffe: H, F♯^{7}

neu

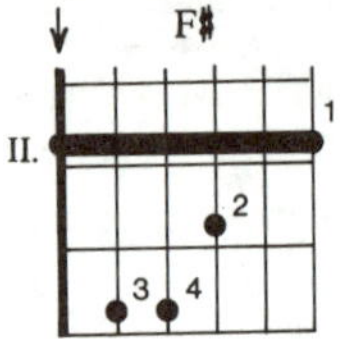

Übung zum Griffwechsel:

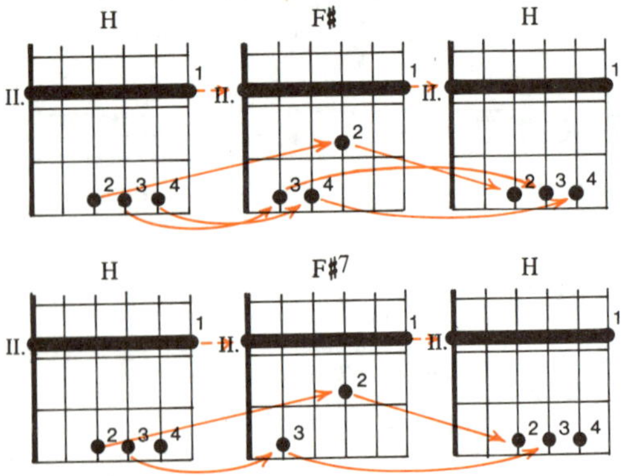

Beim Wechsel von H zu F♯^{7} anstelle zu F♯ bleibt der 4. Finger weg. Begleitung: Schlagrhythmus mit Synkope und Brush.

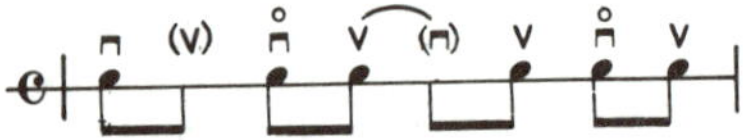

Come back Liza

2. |: When I go to the market place, water come to me eyes. :|
3. |: When I see the young girls dancing, water come to me eyes. :|
4. |: When I hear the lovely music, water come to me eyes. :|
5. |: When I hear the guitars playing, water come to me eyes. :|
6. |: When I watch the deep blue sea, water come to me eyes. :|

Text und Melodie aus Jamaica

Tonart: e-Moll **22**
Taktart: 6/8-Takt mit Auftakt auf Zählzeit 6
Akkordgriffe: Em, D, Hm, C, H^7

neu:

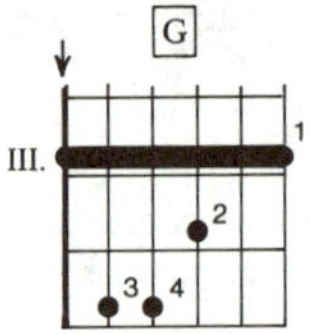

Wieder ein Barrégriff aus der E-Reihe, noch einen Bund höher als F♯, d. h., der Barréfinger setzt nun am III. Bund auf. Das ist die *III. Lage.*

Griffwechselübung: Greife Em mit dem 3. und 4. Finger auf den Saiten A und D, gleite drei Bünde höher, und setze den Barréfinger am III. Bund sowie den 2. Finger auf der g-Saite ein. Beim Wechsel von Hm zu G verändert sich die Stellung der Finger um je eine Saite und einen Bund:

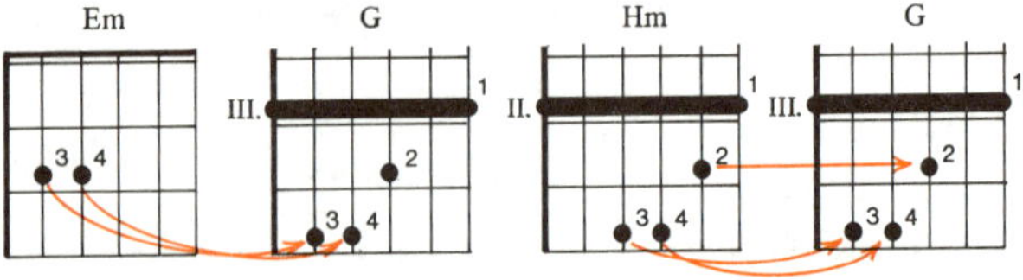

Begleitung: Einzelton-Zupfen mit Wechselbässen auf die Zählzeiten 1, 3, 4 und 6 (vgl. auch Bd. 1, Seite 167).

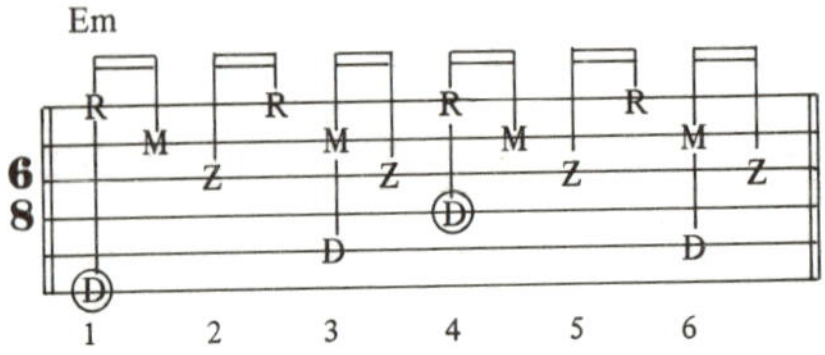

Greensleeves (Alas, my love)

2. I bought thee petticoats of the best,
the cloth so fine as fine might be,
I gave thee jewels for thy chest
and all this cost I spent on thee. Greensleeves . . .

3. Well, I will pray to God on high
that thou my constancy may'st see
for I am still thy lover true,
come once again, and love me. Greensleeves . . .

Text und Melodie aus England (16. Jh.)

Tonart: h-Moll

23

Taktart: ¢ = Alla breve mit Auftakt
Akkordgriffe: Hm, D, A, A^7, G
Griffwechsel: Hm zu G wie in Lied Nr. 22

Begleitung: Schlagrhythmus mit „Brush“:

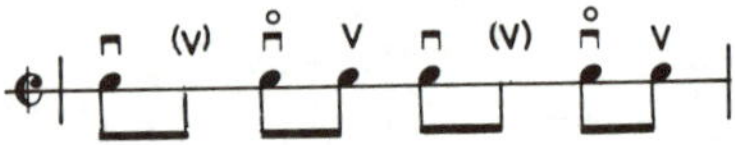

Musik (nach einem alten Inkalied): D. A. Robels, J. Milchberg;
deutscher Text: F. J. Degenhardt.

→

El Condor pasa

24

Tonart: e-Moll
Taktart: $^4/_4$-Takt
Akkordgriffe: E, Hm, D, G

Begleitung: langsamer Schlagrhythmus, wobei der Ton nach den Zählzeiten 2 und 4 (d. h. jeweils in den Achtelpausen danach) gedämpft wird.

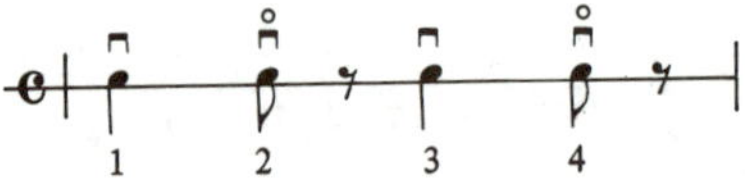

Die *Dämpfung* erreichen wir auf zwei verschiedene Arten:

a) Nach dem Anschlag wird der Handballen der rechten (Spiel-)Hand auf die Saiten gelegt und zwar exakt auf die 2. Hälfte des Viertels.

b) Beim Barrégriff erreichen wir die gleiche Wirkung, wenn wir nur den Griff lockern, d. h. die Finger so abheben, daß sie zwar die gegriffenen Saiten noch berühren, aber sie nicht mehr auf das Griffbrett drücken.

Versuche diese Übung z. B. mit dem G-Griff im obigen Rhythmus.

Schlaf, mein Kindchen

2. Schlaf, mein Kindchen, schlaf ein Stündchen, bajuschki baju.
Träume von den Märchen allen, schlaf in guter Ruh'!

3. Schlaf, mein Kindchen, schlaf ein Stündchen, bajuschki baju!
Niemand soll im Schlaf dich stören, schließ die Augen zu!

4. Lange wird die Ruh' nicht währen, alles geht im Nu!
Bald wird dich das Leben lehren, bajuschki baju!

Text und Melodie aus Rußland (Kosakenlied) · Übersetzung H. Benker
Lied & Song. Musikverlag Max Hieber, München

25

Tonart: G-Dur
Taktart: C = 4/4-Takt mit Auftakt
Akkordgriffe: G, D, D^7, Am, C, Em, H

Begleitung:

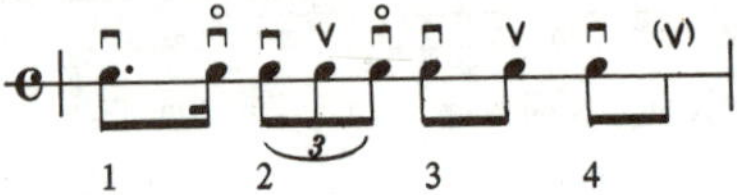

Auf die zweite (Viertel-)Zählzeit spielen wir eine *Triole,* d. h. 3 Achtel anstelle von sonst üblichen 2 Achteln. Die Triolen-Achtel werden also etwas schneller gespielt. Achte darauf, trotzdem die Viertel regelmäßig weiterzuzählen!
Das punktierte Achtel mit anhängendem Sechzehntel gleichen wir dem darauffolgenden Triolenrhythmus an, damit eine gleichmäßig fließende Bewegung entsteht.

Wir sind durch Deutschland gefahren

2. In den Ohren das Brausen vom Strome,
der Wälder raunender Sang,
|: das Geläut von den Glocken der Dome,
der Felder Lerchengesang. :|

3. In den Augen das Leuchten der Sterne,
das Flimmern der Heidsonnenglut.
|: Und tief in der Seele das Ferne,
das Sehnen, das nimmermehr ruht. :|

4. So sind wir durch Deutschland gefahren,
vom Meer bis zum Alpenschnee.
|: Wir werden noch weiter fahren,
um neue Lande zu sehn! :|

Text und Melodie: mündlich überliefert

Tonart: F-Dur
Taktart: C = 4/4-Takt mit Auftakt
Akkordgriffe: F, B, C^7

neu:

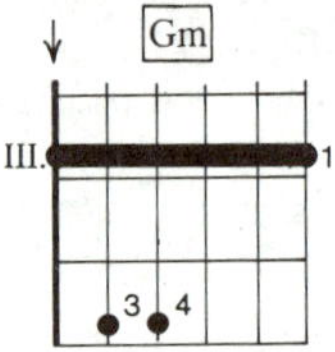

Ein Barrégriff aus der E-Reihe am III. Bund. Er entspricht dem Em-Griff, um zwei Bünde versetzt, mit zusätzlichem Barréfinger. Von G unterscheidet er sich durch Weglassen des zweiten Fingers.

Beim Wechsel von F zu Gm gleitet die Griffhand von der I. zur III. Lage. Von Gm zu C^7 geht sie zurück zur I. Lage ohne Barré. C^7 ist hier der einzige noch verbleibende einfache Griff. Geduld! In Kürze werden wir auch diesen Akkord als Barrégriff kennenlernen.

F Gm C^7

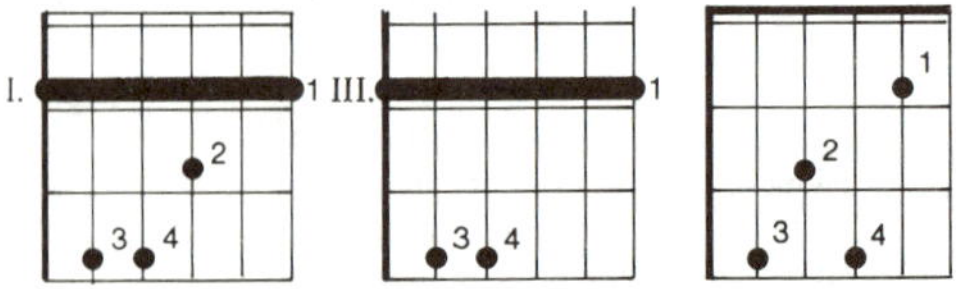

Begleitung:

Strophen

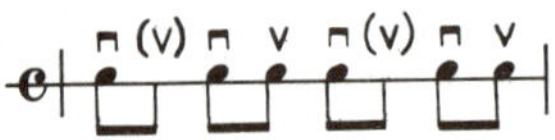

Refrain

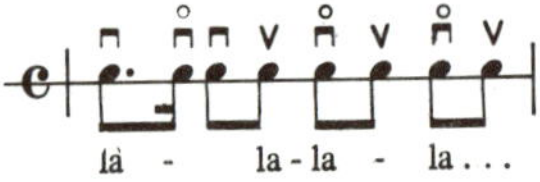

Wohlauf in Gottes schöne Welt

2. Du traute Stadt am Bergeshang,
lebe wohl, ade!
Du hoher Turm, du Glockenklang,
lebe wohl, ade!
Ihr Häuser alle, wohlbekannt,
noch einmal wink' ich mit der
la la la la la la la, Hand,
und nun seitab gewandt.

3. An meinem Wege fließt der Bach,
lebe wohl, ade!
Der ruft den letzten Gruß mir nach,
lebe wohl, ade!
Ach Gott, da wird's so eigen mir,
so milde wehn die Lüfte hier,
la la la la la la la,
als wär's ein Gruß von dir.

Text: Julius Rodenberg (1852), Melodie aus Franken

Tonart: F-Dur
Taktart: 4/4-Takt mit Auftakt auf der Zählzeit 3
Akkordgriffe: F, Dm, Gm, B, C, C^7

27

Vor allem beim Wechsel von Dm (ohne Barré) zu Gm ist ein langer Weg zurückzulegen:

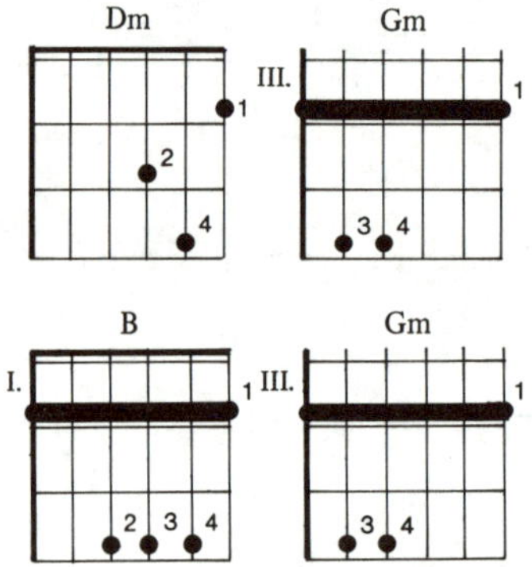

Übe diese Griff-Folgen mehrmals hintereinander.

Die Begleitung, die wir hier vorschlagen, ist wieder einfach:

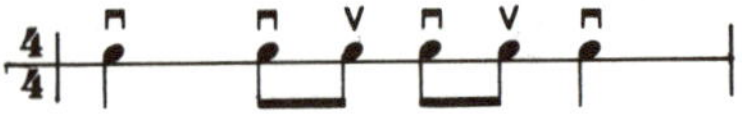

Five hundred miles

2. Lord, I'm one, Lord I'm two,
Lord, I'm three, Lord, I'm four,
Lord, I'm five hundred miles from my home.
Five hundred miles (4 ×),
Lord, I'm five hundred miles from my home.

3. Not a shirt on my back,
not a penny to my name,
Lord, I can't go a home thisaway.
Thisaway (4 ×),
Lord, I can't go a home thisaway.

Tonart: D-Dur und d-Moll **28**
Taktart: 6/8-Takt mit Auftakt auf die Zählzeit 6
Akkordgriffe: D, A, G, Em, Hm, E^7
Dm, A^7, C, C^7, F, B, Gm

Hier haben wir eine große Anzahl verschiedener Akkorde zu bewältigen, gemischt aus Barré- und einfachen Griffen. Die Barrégriffe wechseln zudem zwischen I., II. und III. Lage.

Zur Wiederholung:

I. Lage: F (E-Reihe), B (A-Reihe)
II. Lage: Hm (A-Reihe)
III. Lage: G und Gm (E-Reihe)

Begleitung: D-Dur-Teil mit „akkordischem Zupfen“

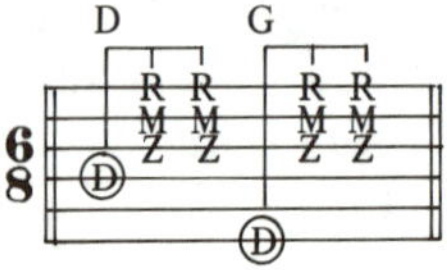

d-Moll-Teil im Einzelton-Anschlag

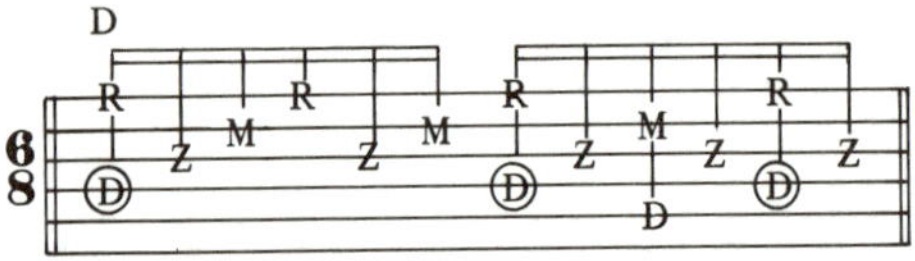

Text: Jean-Pierre Claris de Florian (1755–1794); Melodie: Martini (1741–1816)

→

Plaisir d'amour

29

Tonart: d-Moll
Taktart: C = $4/4$-Takt mit Auftakt
Akkordgriffe: Dm, B, Gm, A
Griffwechsel: siehe Lied Nr. 27

Begleitung: *Strophen* mit einfachem Schlagrhythmus:

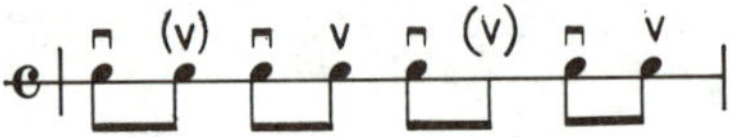

Refrain:

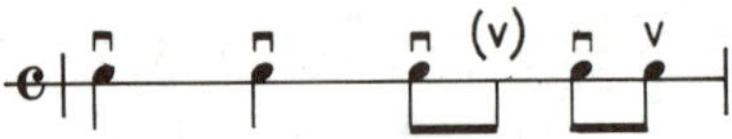

MUSIK EXPRESS
SOUNDS
Die führende Musikzeitschrift!
STORIES
NEWS
INTERVIEWS
KRITIKEN
AKTUELL
KOMPETENT
EXCLUSIV

Landola
N:o 1
in Scandinavien
Jetzt auch
in Deutschland!!
Jugend-Gitarren
Konzert-Gitarren
Western-Gitarren
Musikvertretung
PETER FACKLER
Penzbergweg 11
8900 Augsburg
0821 - 66 32 87 (Büro)
0821 - 6 46 78 (privat)
Landola
P.O. 2, 68601 Jakobstad
Finnland
+ 358 67 12407, Telex 7563 lansf

New Ideas
For
Today's Musicians
Ibanez

Wir sind des Geyers schwarzer Haufen

2. Als Adam grub und Eva spann, heia, oho!
Wo war denn da der Edelmann? Heia, oho! . . .

3. Bei Weinsberg setzt es Brand und Stank, heia, oho!
Gar mancher über die Klinge sprang, heia, oho! . . .

4. Geschlagen ziehen wir nach Haus, heia, oho!
Unsre Enkel fechten's besser aus. Heia, oho! . . .

Text und Melodie aus dem 16. Jahrhundert

Tonart: Gm mit Wechsel nach B-Dur
Taktart: ¾-Takt
Akkordgriffe: Gm, D⁷, B, F⁷

neu:

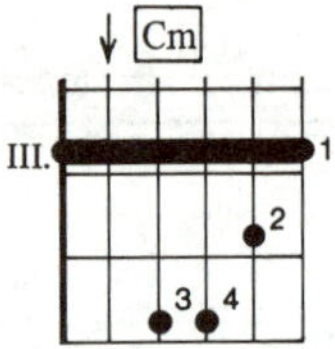

Der Griffwechsel von Cm zu Gm ist einfach: Beide Griffe befinden sich in der III. Lage, 3. und 4. Finger wandern am selben Bund von D- und g-Saite zu A- und D-Saite. Der 2. Finger hat nur bei Cm zu tun.

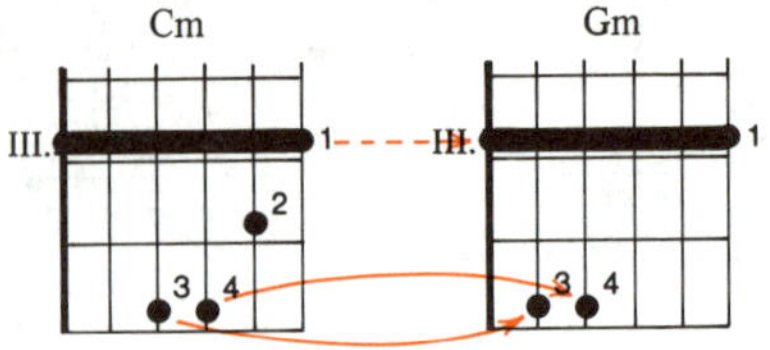

Begleitung: Wechsel zwischen Einzelton- und Arpeggienanschlag.

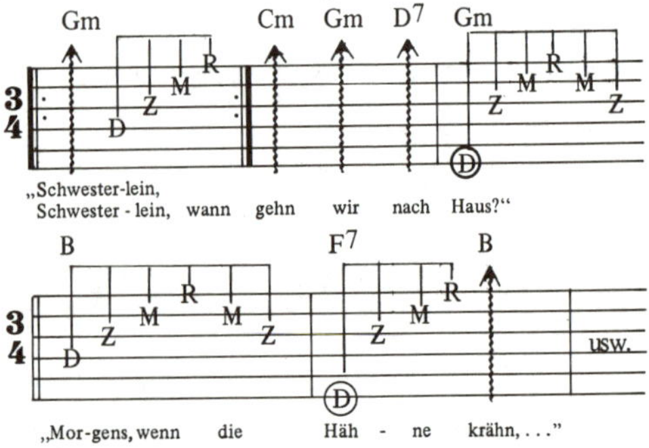

Schwesterlein, wann gehn wir nach Haus

2. |: „Schwesterlein, :| wann gehn wir nach Haus?“
„Morgen, wenn der Tag anbricht,
eh’ endt die Freude nicht,
|: Brüderlein, :| der fröhliche Braus.“

3. |: „Schwesterlein, :| wohl ist’s an der Zeit?“
„Mein Liebster tanzt mit mir,
geh ich, tanzt er mit ihr,
|: Brüderlein, :| laß du mich doch heut!“

4. |: „Schwesterlein, :| was bist du so blaß?“
„Das macht der Morgenschein
auf meinen Wängelein,
|: Brüderlein, :| die vom Taue naß.“

5. |: „Schwesterlein, :| du wankest so matt?“
„Suche die Kammertür,
suche mein Bettlein mir,
Brüderlein, es wird fein unterm Rasen sein.“

Text und Melodie von Anton Wilhelm Florentin von Zuccalmaglio (1838)

Tonart: C-Dur (Strophen); c-Moll (Refrain) **31**
Taktart: 4/4-Takt mit Auftakt
Akkordgriffe: C, G, G^7, Cm, F, Fm, C^7, D^7

Griffwechsel:

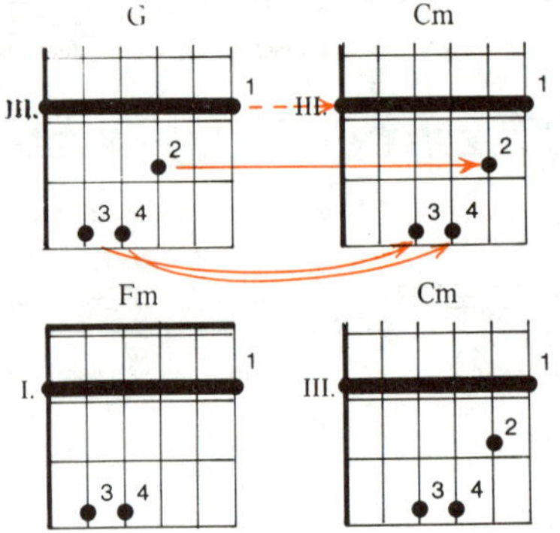

Begleitung:

Strophe:

Refrain:

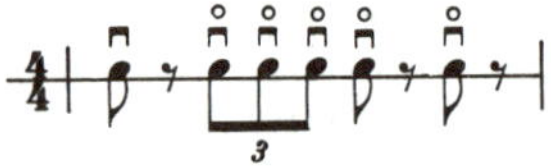

Die Achtelpausen werden gedämpft (vgl. Nr. 24); dadurch erzielen wir einen „zackigen“ Tangorhythmus.

Kriminal-Tango

G7
Mil - ler. Und er sagt ihr lei - se: „Ba - by,
C
wenn ich austrink, machst du dicht.“ Dann be-stellt er zwei Man -
F
hat– tan, und dann kommt ein Herr mit Knei - fer.
C G
Jack trinkt aus, und Ba-by zit-tert, doch dann löscht sie schnell das
Cm Refrain Fm
Licht. Kri-mi - nal - Tan-go in der Ta -
Cm Fm
ver - ne. Dunk-le Ge - stal - ten, ro - te La -
Cm C7
ter - ne Abend für A - bend lo-dert die
Fm D7 G7 C
Lun-te, sprü-hen-de Span-nung geht nie vor - bei.

32

Tonart: c-Moll
Taktart: 2/4-Takt
Akkordgriffe: Cm, B, Gm

Griffwechsel:

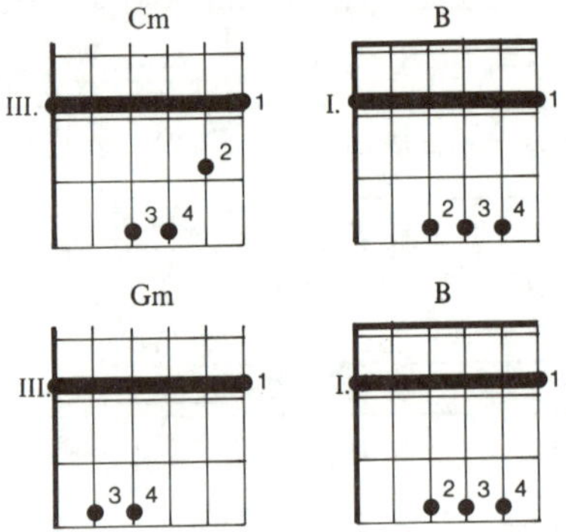

Begleitung nach folgendem zweitaktigem Muster:

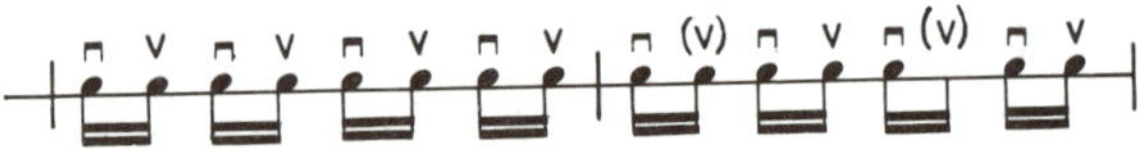

What shall we do

2. Give him a dose of salent water, early in the morning.
3. Give him a dash with a besoms rubber, early . . .
4. Pull out the plug and wet him all over, early . . .
5. Heave him by the leg in a running bowlin', early . . .
6. That's what to do with a drunken sailor, early . . .

Shanty, Text und Melodie aus England

Tonart: G-Dur **33**
Taktart: ¾-Takt mit Auftakt
Akkordgriffe: G, Cm, A^7, D, D^7, Em, A

neu:

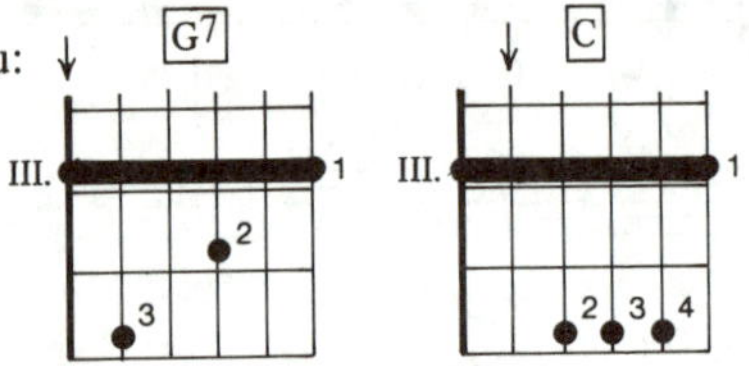

Wir kennen schon die Griffe G und Cm; demgegenüber bedingen die neuen Griffe nur geringe Änderungen. Entsprechend ähnlich verlaufen die Griffwechsel am III. Bund:

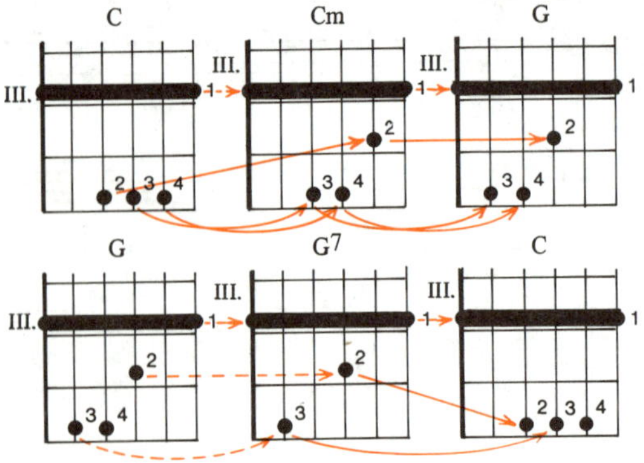

Begleitung: Arpeggienanschlag auf die Zählzeit 1, dann Einzeltonzupfen mit Wechselbässen (vgl. Bd. I, S. 167):

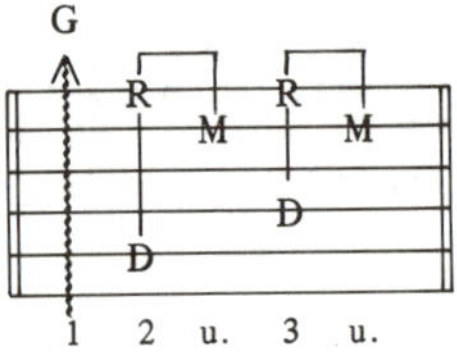

Home on the range

Traditional

34

Tonart: C-Dur
Taktart: C = 4/4-Takt mit Auftakt
Akkordgriffe: C, G, G^7, D^7, F
Mit Ausnahme von D^7 verwenden wir nur Barrégriffe.

Neuer Griffwechsel, mit Wechsel von der III. zur I. Lage und umgekehrt:

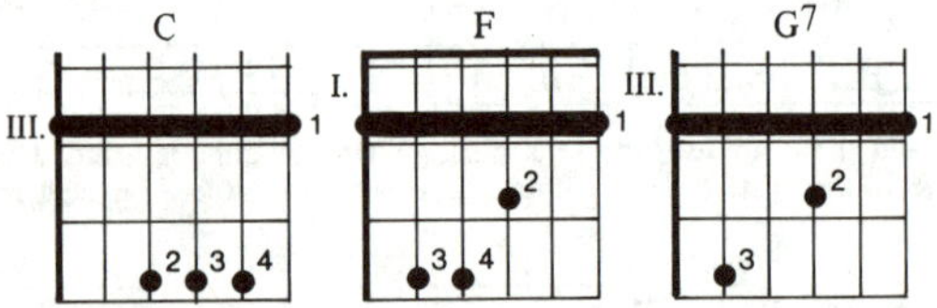

Begleitung: *Strophen* in dem bekannten einfachen Schlagrhythmus:

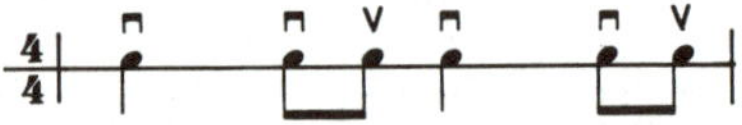

Refrain: in punktiertem Rhythmus auf die Zählzeit 1 und mit Brush-Anschlägen:

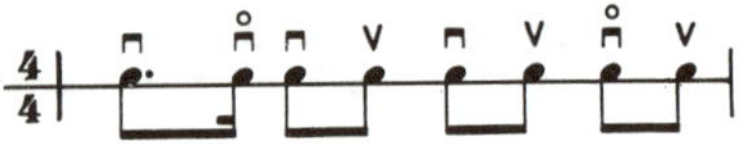

Wer recht in Freuden wandern will

2. Die ganze Welt ist wie ein Buch,
darin uns aufgeschrieben
in bunten Zeilen manch ein Spruch,
wie Gott uns treu geblieben.
Wald und Blumen nah und fern
und der helle Morgenstern
sind Zeugen von seinem Lieben.

Text: Emanuel Geibel. Melodie: Gustav Klauer

35

Tonart: C-Dur
Taktart: C = 4/4-Takt mit Auftakt
Akkordgriffe: C, F, G^7
Wir verwenden nur Barrégriffe, wobei wir, wie schon gewohnt, zwischen I. und III. Lage wechseln.

Begleitung wie im vorhergehenden Lied mit verschiedenen Anschlagsarten für Strophen und Refrain:

Strophe:

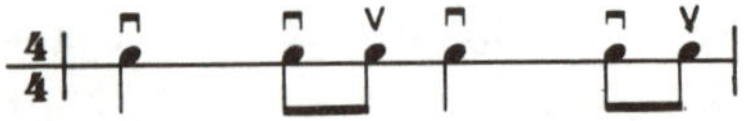

Refrain:

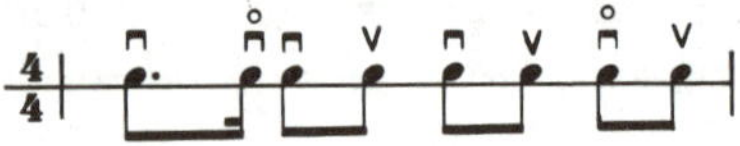

Wohlan, die Zeit ist kommen

2. In meines Vaters Garten, da steh'n viel schöne Blum', ja Blum'. Drei Jahr muß ich noch warten, drei Jahr sind bald herum.

3. Du glaubst, du wärst die Schönste wohl auf der ganzen Welt, ja Welt, und auch die Angenehmste. Ist aber weit gefehlt.

4. So setz ich mich aufs Pferdchen und trink ein Gläschen kühlen Wein und schwör bei meinem Bärtchen, dir ewig treu zu sein.

Text aus „Des Knaben Wunderhorn" (1806) · Melodie nach L. Schubart

Tonart: G-Dur

Taktart: C = 4/4-Takt mit Auftakt

Akkordgriffe: G, D, D^7, C

Griffwechsel:

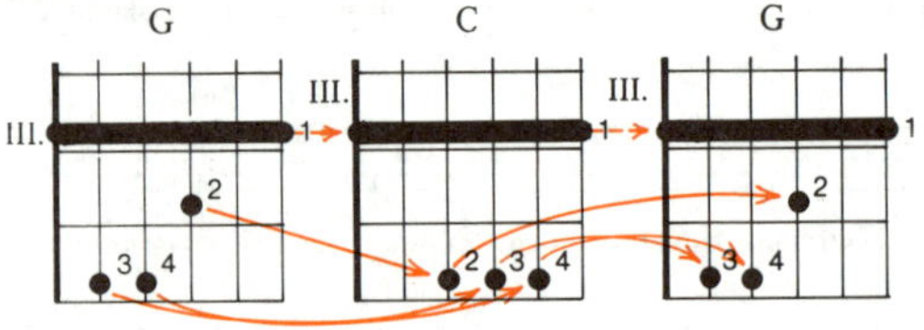

Begleitung mit Wechselbaß:

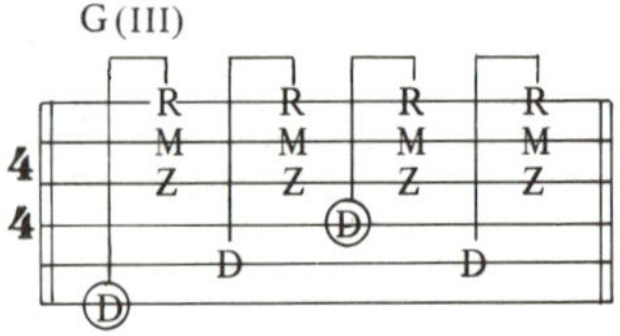

Wenn alle Brünnlein fließen

2. Ja winken mit den Äugelein und treten auf den Fuß!
's ist eine in der Stube drin, die meine werden muß.

3. Warum sollt' sie's nit werden, ich hab' sie ja so gern;
sie hat zwei blaue Äugelein, die glänzen wie zwei Stern'.

4. Sie hat zwei rote Wängelein, sind röter als der Wein;
ein solches Mädel find'st du nit wohl unterm Sonnenschein.

Text und Melodie aus dem Odenwald

37

Tonart: F-Dur
Taktart: ¾-Takt
Akkordgriffe: F, C^7

neu:
mit Doppel-Barré

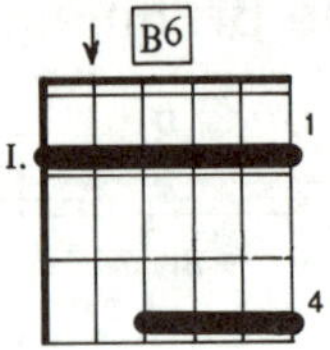

Dieser Griff ist besonders interessant, weil er häufig sowohl den B- wie auch den Gm-Griff ersetzen kann und trotz des doppelten Barrés einfacher zu greifen ist:
Neben dem 1. Finger wird am übernächsten Bund der 4. (oder auch 3.) Finger quer über die Saiten D, g, h und e gelegt. Vor allem beim Wechsel von F zu Gm ist dieser Ersatzgriff bedeutsam: anstatt von der I. zur III. Lage zu wandern, kann die Griffhand in der I. Lage verbleiben:

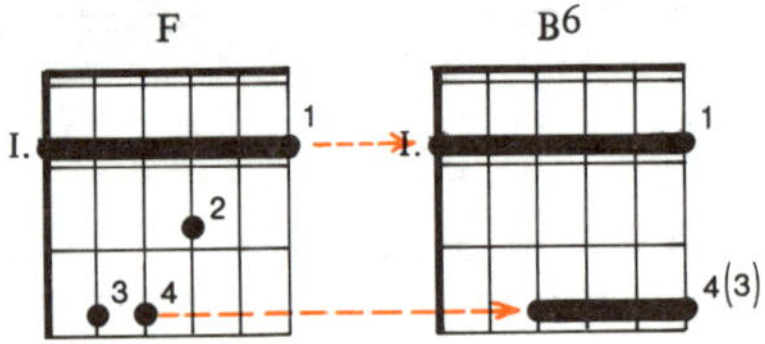

Auch z. B. bei den Liedern Nr. 26 und Nr. 29 ist der Doppel-Barrégriff B^6 anstelle des Gm-Griffs anzuwenden.
Begleitung:
a) für die ersten 4 Takte mit Wiederholung:

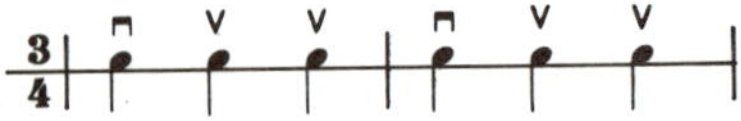

b) Für den 2. Teil des Liedes (zweitaktiges Schema):

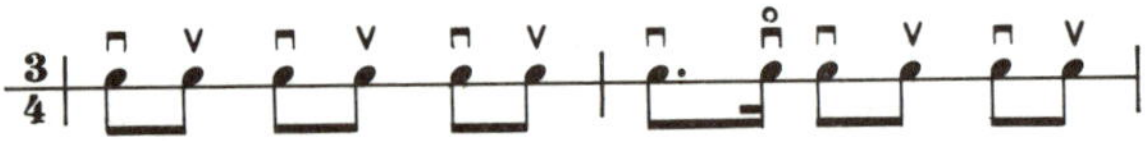

Droben im Oberland

2. Schieß mir ein' Rehbock z'samm,
fallt er oder fallt er net.
Fallt er net, so bleibt er stehn,
zu meiner Lina muß i gehn,
zu meiner Lina muß i gehn,
alle Woch' sechs- siebenmal.

3. Gestern ist Sonntag g'wen,
heut bin i schon wieder da.
Sie hat a Hüterl auf,
eine schöne, schöne Feder drauf,
sie sah so reizend, reizend aus,
und ich ging mit ihr nach Haus.

4. Und vor der Tür ankomm'n,
ei da sagte sie zu mir:
„Hast mich nach Haus gebracht,
hast deine Sache gut gemacht.
Nun denn, so geb' ich dir zum Schluß
einen zuckersüßen Kuß."

Volkslied

Tonart: Es-Dur (E♭)
Taktart: ¾-Takt mit Auftakt
Akkordgriffe: B und neu:

38

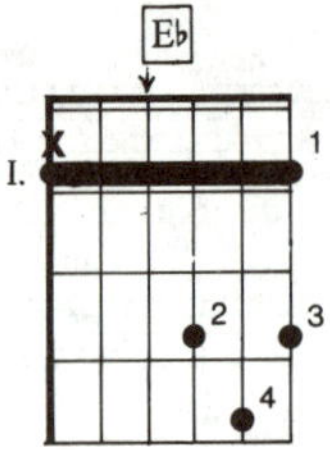

Endlich ein Griff aus der D-Reihe, der dritten Reihe der Barrégriffe. Grundlage ist der D-Griff, der hier nur um einen Bund nach oben versetzt wird, mit zusätzlichem Einsatz des Barréfingers am I. Bund. Dieser Griff in der I. Lage ist der wichtigste aus der ganzen möglichen Folge; denn alle anderen Tonarten können mit Griffen aus der E- bzw. A-Reihe ausgeführt werden. (Siehe auch Seite 155)

Beim Wechsel von B zu E♭ bleibt die Griffhand in der I. Lage:

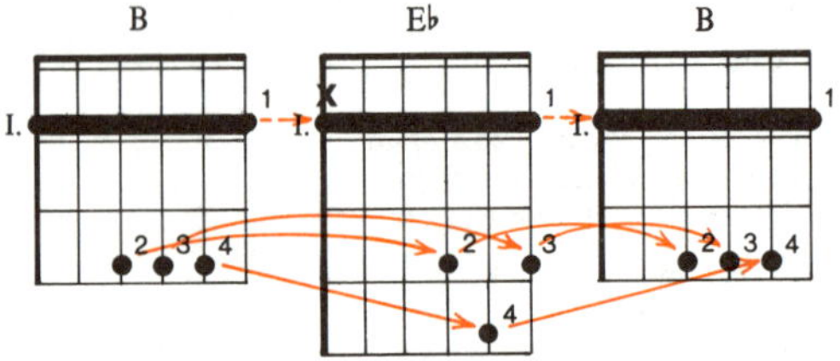

Begleitung: Einfache Viertelschläge mit Brush.

Memphis Tennessee

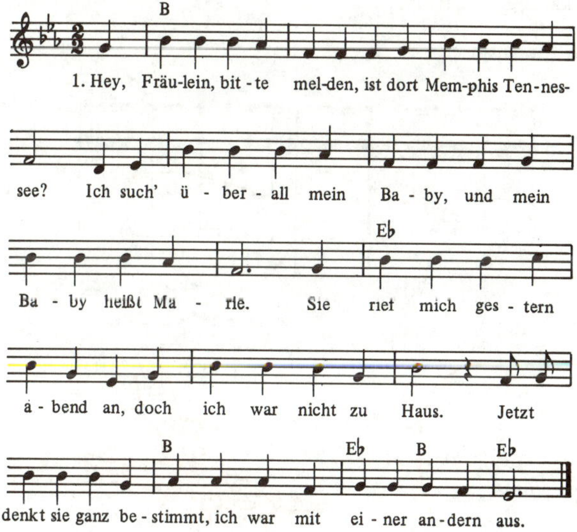

2. Die Nummer will ich haben,
hallo, Fräulein, bitte schön.
Leider weiß ich keinen Namen,
doch ich muß sie wiederseh'n!
Sie wartet ganz bestimmt auf mich
und freut sich sicher schon.
Hey, Fräulein, bitte melden,
sonst läuft sie mir noch davon.

Text und Melodie: Chuck Berry
deutsch: Lilibert/L. Montagu

39

Tonart: B-Dur
Taktart: ¾-Takt mit Auftakt auf die Zählzeit 2 *und*
Akkordgriffe: B, E♭, F^7

Griffwechsel:

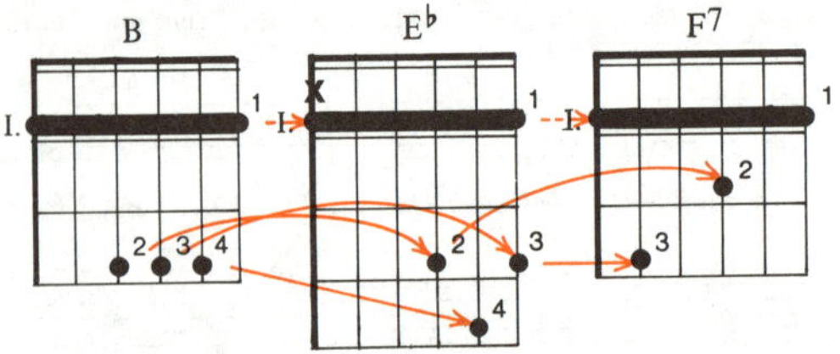

Begleitung:

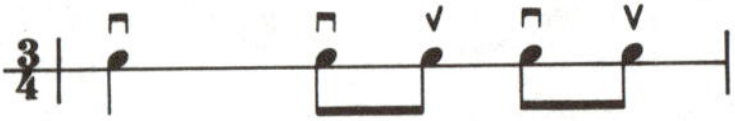

Von Hamburg fohr

2. Bi Dag dor kunn dat weihn un blasen,
dor wör noch lang keen Hand anleggt,
doch sleg de Klock man erst veer Glasen,
denn wör de ganze Plünnkrom streckt. Rolling home . . .

3. Dat weer so recht den Ohln sien Freeten,
dat gung em öber Danz un Ball,
harr Janmaat graad de Piep ansteken,
denn rööp de Ohl: Pull Grootmarsfall. Rolling home . . .

Text (gekürzt) und Melodie mündlich überliefert

Tonart: B-Dur
Taktart: C = ¼ mit Auftakt
Akkordgriffe: B, F, F^7, Eb
neu:

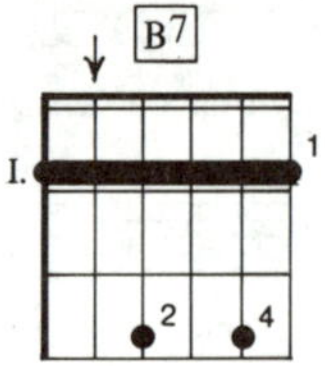

Griffwechsel:

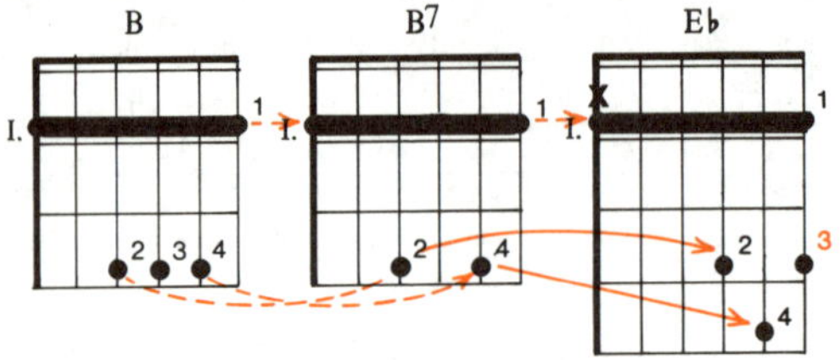

Begleitung:
Strophe:

Refrain:

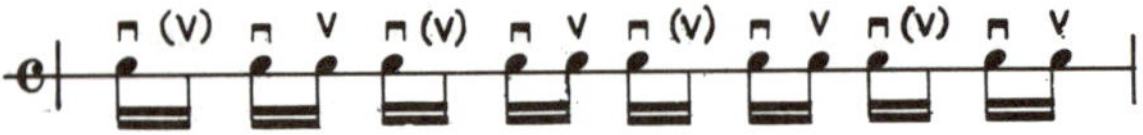

Dort drunt im schönen Ungarland

2. Das Roß, das mir mein Vater gab,
ist all mein Gut, ist all mein Hab, sein' Heimat ist Magyar.
Es ist geschwinder als der Wind,
wie alle Heldenpferde sind vom Blankensteinhusar.

Text (gekürzt) und Melodie mündlich überliefert

Tonart: Es-Dur (E♭) **41**
Taktart: 4/4-Takt mit Auftakt auf die Zählzeit 3 *und*
Akkordgriffe: E♭, B^7
neu:

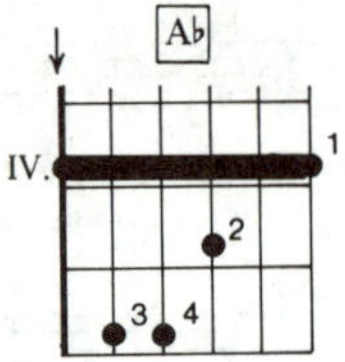

Ein Barrégriff der E-Reihe, hier zum erstenmal in der IV. Lage, also eine Versetzung des G-Griffs um einen Bund.

Beim Wechsel von E♭ zu A♭ müssen wir 3 Lagen überwinden:

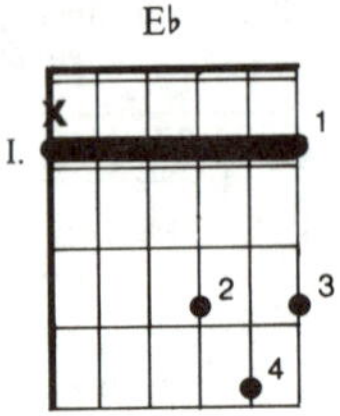

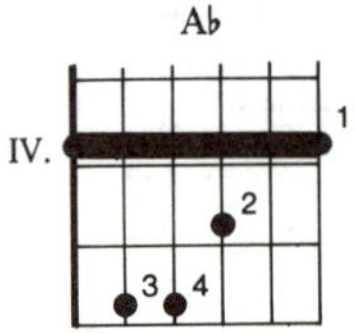

Begleitung:

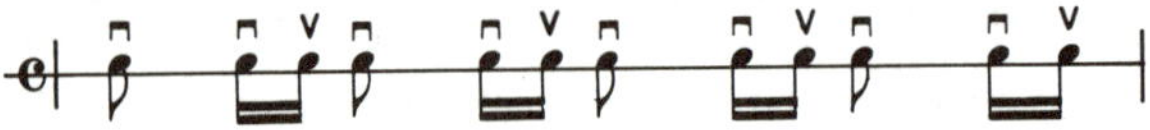

This land is your land

Text und Musik: Woody Guthrie

Tonart: Es-Dur (E♭) **42**
Taktart: C = $^4/_4$-Takt
mit Auftakt auf dem 2. Viertel
Akkordgriffe: E♭, A♭, B^7
neu:

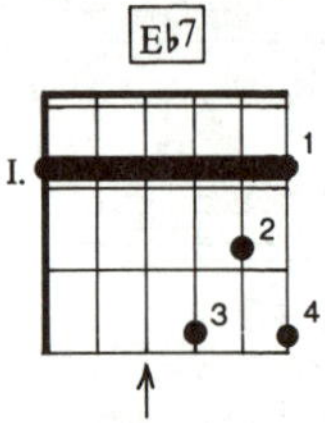

Der $E\flat^7$-Griff entspricht dem D^7-Griff, einen Bund höher angesetzt, mit Barréfinger in der I. Lage. Der Griffwechsel zu A♭ geht wieder über 3 Lagen bis zur IV. Lage:

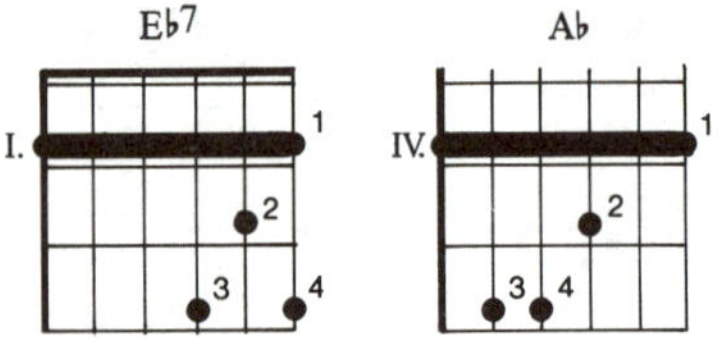

Begleitung: Rhythmusschlag mit Synkopen:

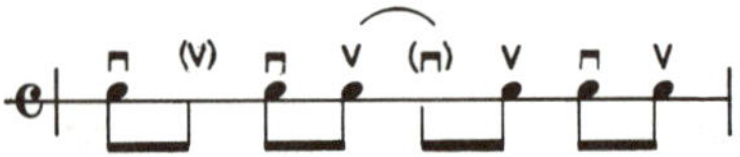

Down by the riverside

Gospel

43

Tonart: As-Dur (A♭)
Taktart: ¼-Takt
Akkordgriffe: A♭, E♭7
neu:

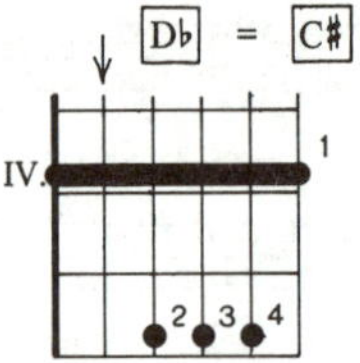

Ein Griff aus der A-Reihe in der IV. Lage.

Der Wechsel zwischen A♭ und D♭ vollzieht sich in derselben Lage:

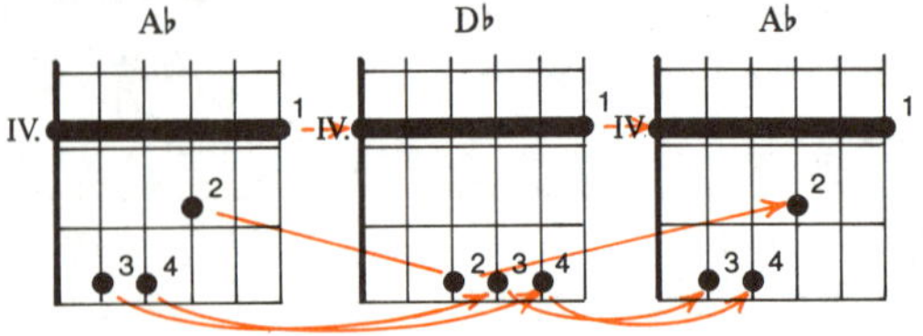

Begleitung:
Strophe:

Refrain:

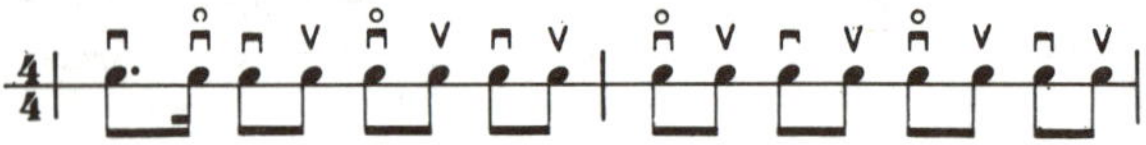

Good night, Ladies

2.|: Farewell, Ladies! :| We're going to leave you now.

3.|: Sweet dreams, Ladies! :| We're going to leave you now.

Text und Melodie aus England

Tonart: E-Dur
Taktart: Wechsel zwischen 3/2- und 2/2-Takt
Akkordgriffe: E, H, F♯m, A, G♯
neu: C♯m (= D♭m) und G♯m (=A♭m)

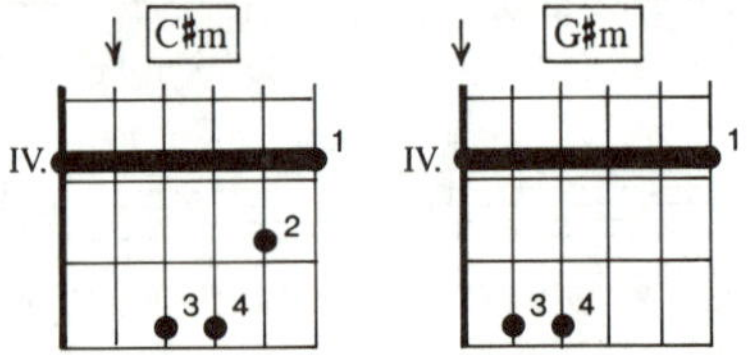

(enharmonisch entsprechen sich C♯ und D♭ sowie G♯ und A♭)

Griffwechsel: Von G♯ zu C♯m wandern die Finger 2, 3 und 4 in gleicher Stellung und am selben Bund nur um je eine Saite weiter:

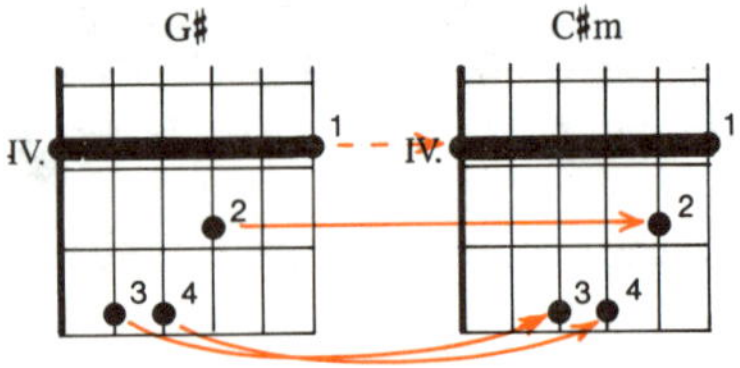

Begleitung:

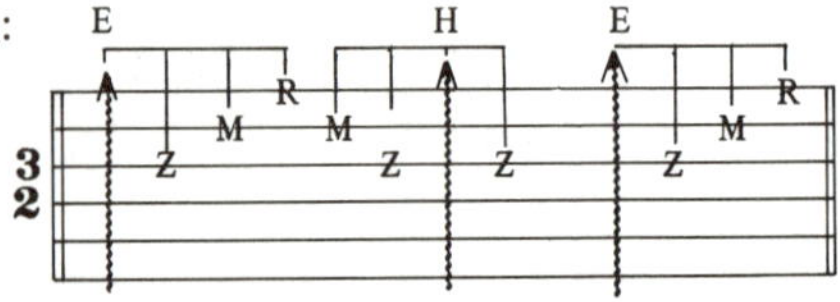

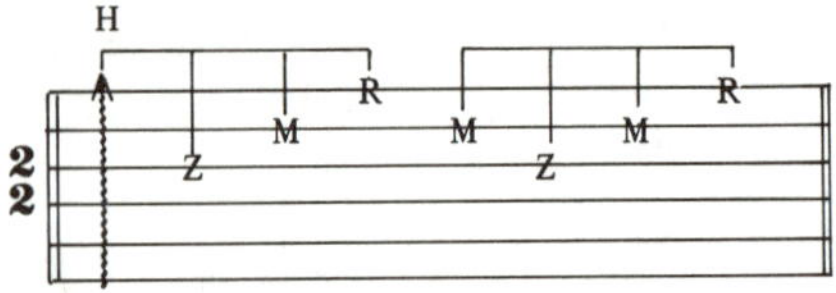

O du stille Zeit

2. In der Einsamkeit rauscht es nun so sacht.
Über die Berge weit, über die Berge weit, gute Nacht.

Text: Joseph von Eichendorff.
Melodie: Cesar Bresgen.

Tonart: D-Dur, mit Ausweichung nach fis-Moll **45**
Taktart: 12/8-Takt, wechselnd mit 4/8- und 6/8-Takt;
Refrain: 4/4-Takt
Akkordgriffe: D, Hm, G, F♯m, A, Em, E, E^7, C♯m, E, H^7

Eine Fülle von Griffen und Griffkombinationen mit und ohne Barré sowie in verschiedenen Lagen ist hier zu bewältigen. Alle Griffwechsel sind aus den vorhergehenden Liedern bekannt, mit Ausnahme von:

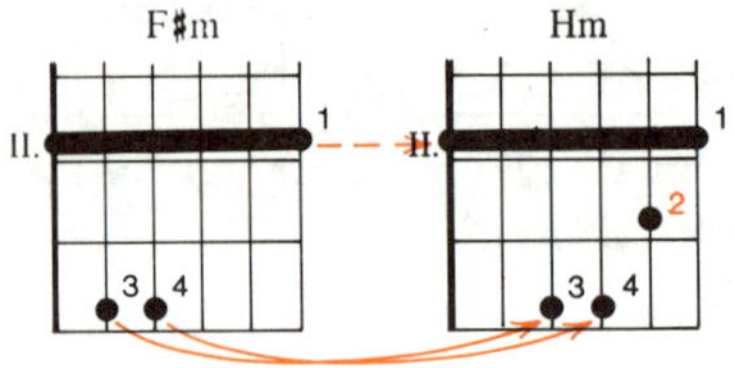

Fortsetzung Seite 98

Memory (Erinnerung)

Fortsetzung Seite 99

Begleitung:
6/8- bzw. 12/8-Takt:

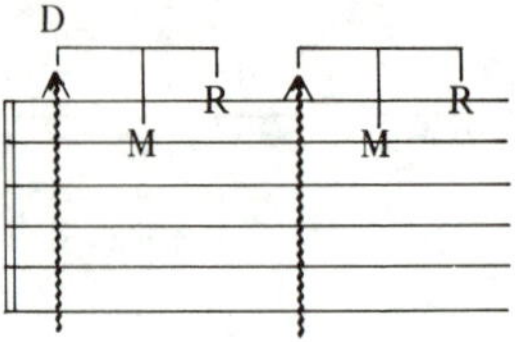

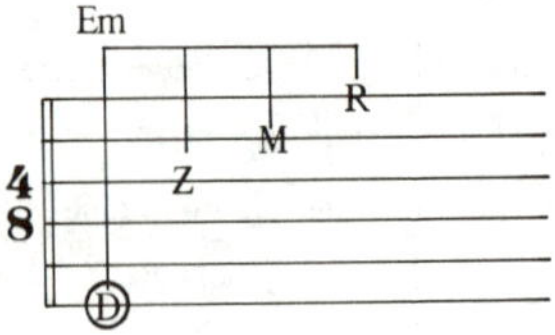

Etwas schneller:

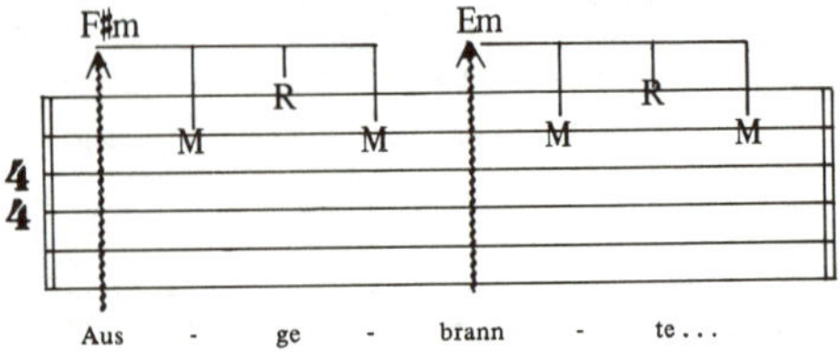

Takt 13:

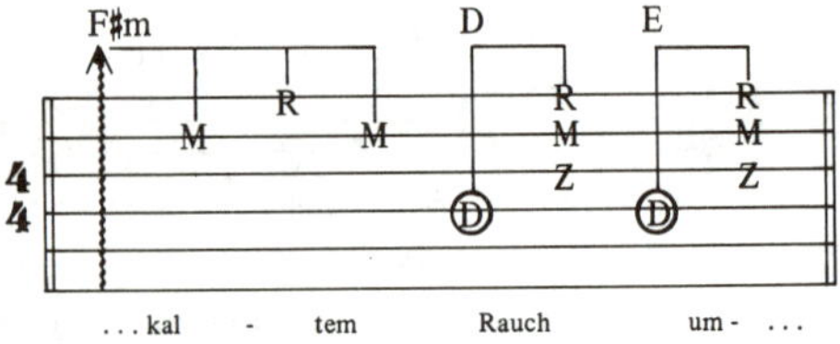

F♯m D E A C♯m F♯m Hm
kal - tem Rauch um - ge - ben. Doch schon ist wie - der ei - ne
E7 A F♯m H7 E D. S. al D
Nacht vor - ü - ber, der Schlei - er wird sich he - ben. ginnt.

Tonart: D-Dur

Taktart: 5/8-Takt, abwechselnd mit 6/8-Takt

46

Der 5/8-Takt kommt in der westeuropäischen Musik sehr selten vor; deshalb fällt es uns nicht leicht, ihn regelmäßig durchzuzählen. Wie in anderen Taktarten gibt es aber auch hier metrische Schwerpunkte, die entweder auf dem 1. und 3. oder 1. und 4. Achtel liegen. Hier fällt die Betonung auf die Zählzeiten 1 und 4, d. h., es gehören je Takt zuerst 3, dann 2 Achtel sinngemäß zusammen.

Übe das Zählen mit regelmäßigem Achtelanschlag gemäß dem unten stehenden Muster; zunächst mehrmals 5/8-Takte hintereinander, dann abwechselnd 5/8- und 6/8-Takte (wobei im 6/8-Takt die metrischen Betonungen immer auf die Zählzeiten 1 und 4 fallen).

Akkordgriffe: D, A^7, G, B, C, A

Bei den Versen geht es mit einfachen Griffen noch recht gemütlich zu. Dann aber kommt im Refrain eine interessante, nämlich echt „spanische" Stelle, die Akkordfolge A B C B A mit gleicher Fingerstellung in verschiedenen Lagen (in der A-Reihe):

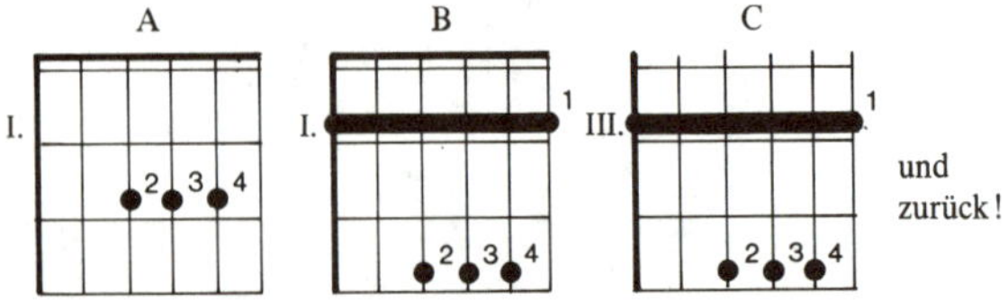

Fortsetzung Seite 102

Et Spanien-Leed

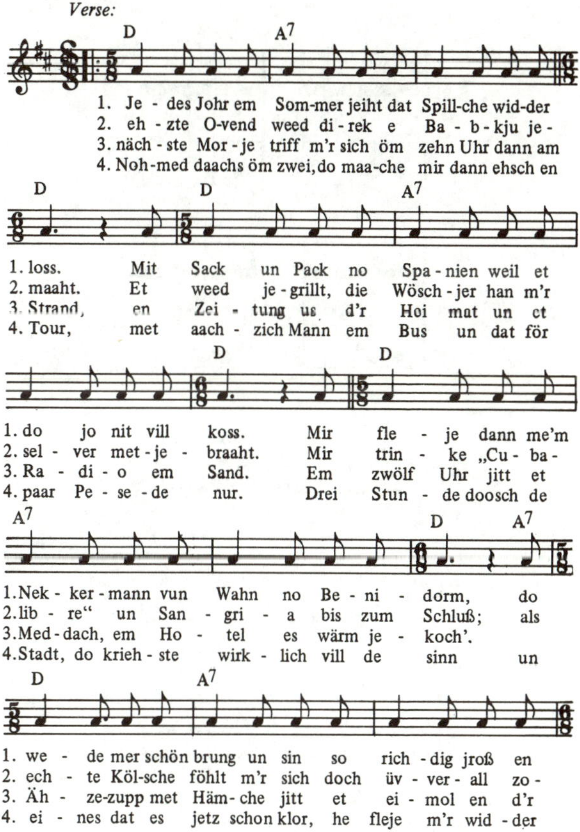

Fortsetzung Seite 103

Dieser spanische ABC-Stil funktioniert auch in der E-Reihe in den höheren Lagen III bis VIII (jetzt sogar einschließlich G!):

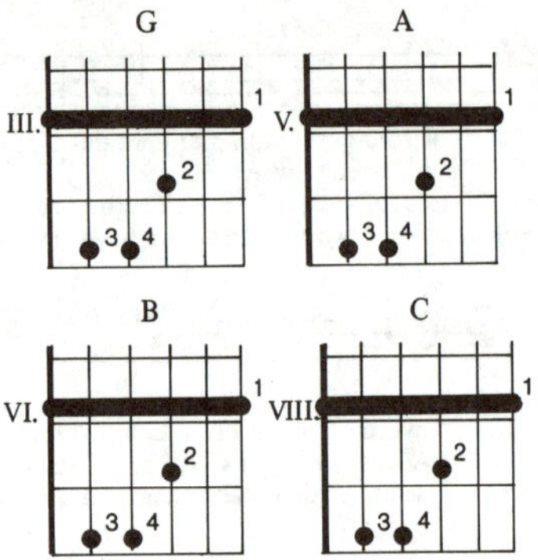

Begleitung:

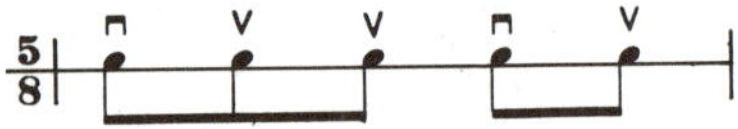

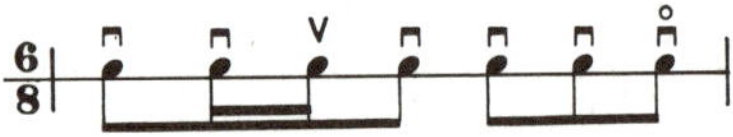

Refrain:

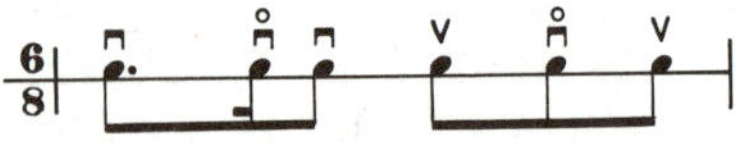

Text und Musik: Hartmut Prieß

→

Refrain:
D G D A7
1. Form.
2. hus.
3. Woch.
4. hin.
Nä, nä, Ma - rie, es dat he schön, üv-ver - all nur köl-sche
D G A B C B
Tön! Nä, he süht et wirk-lich us wie bei uns ze-
A D G D A7
hus; he fählt nur vum Bal - kon die Aus - sich op d'r
1.D A7 2.D G
Dom! 2.Am Dom! La, la, la, la la la . . .
D 1.A7 D 2.A7
D.S. mit Wieder-holung al
D A7 D
Am la, la, la la
G D 1.A7
D 2.A7 D A7 D
la A - laaf!

47

Tonart: a-Moll
Taktart: C = 4/4-Takt (mit Tempowechsel)
Akkordgriffe: Am, E, Dm, F, G

Auch hier kommt eine „spanische“ Griff-Folge vor, die verschiedene Lagen mit (fast) gleichen Griffen umfaßt (nur der Am-Griff tanzt aus der Reihe, da er ohne den 2. Finger gespielt wird).

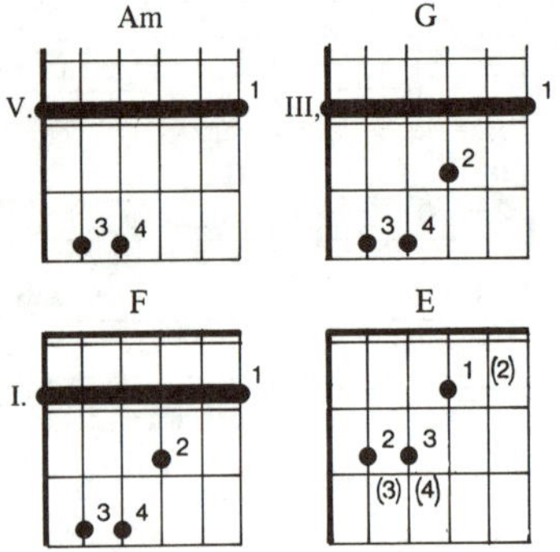

Den E-Griff kann man nach F (Barré) auch mit den Fingern 2, 3 und 4 anstelle von 1, 2 und 3 anschließen.

Begleitung:
Strophen:

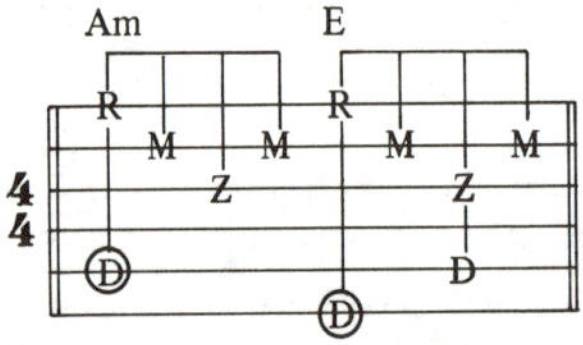

Refrain:

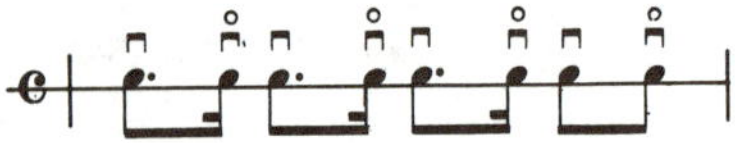

Straßen auf und Straßen ab

Text aus: George Forestier, „Ich schreibe mein Herz in den Staub der Straße“, 1952 Eugen Diederichs Verlag, München; Melodie (Bearbeitung): H. J. Möhrer

Grundtonart: E-Dur. Jede weitere Strophe halbtonmäßig aufsteigend: F-Dur, Fis-Dur, G-Dur, As-Dur, A-Dur. 48

Akkorde der Grundtonart: E, A, H, H^7, also die Akkorde der Tonika, Subdominante und Dominante (vgl. Bd. 1, Seite 170). Alle Akkordgriffe folgen der E- und A-Reihe. Zweckmäßigerweise verwenden wir schon bei den einfachen Griffen E und A die Griffinger 2, 3 und 4:

1. Strophe:

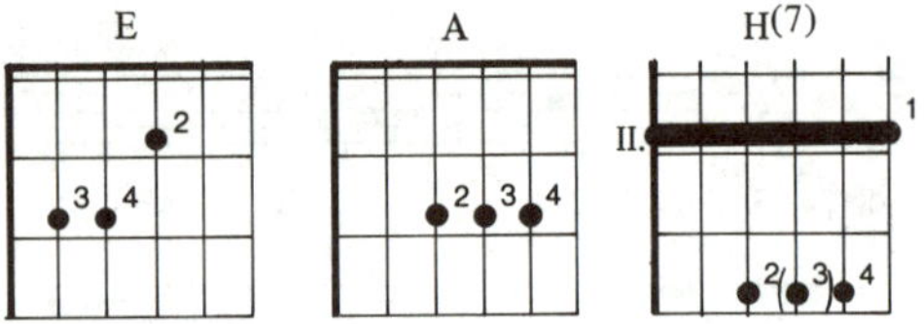

2. Strophe:
I. Barrélage

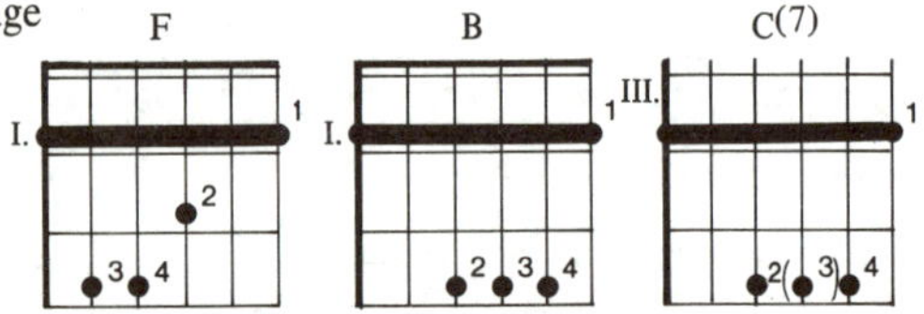

3. Strophe:
II. Barrélage

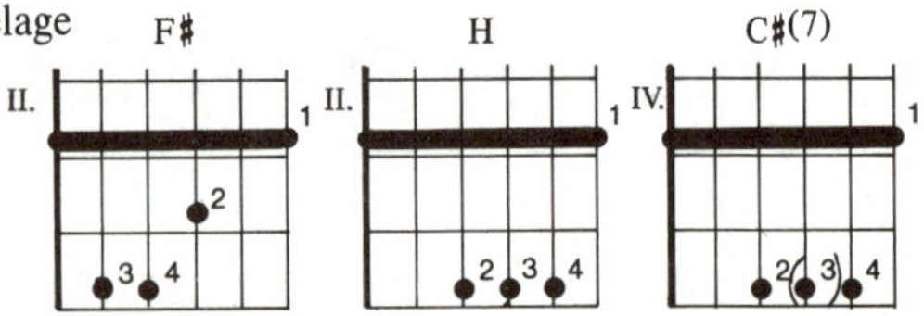

Danke, für diesen guten Morgen

2. Danke, für alle guten Freunde,
danke, o Herr, für jedermann, danke,
wenn auch dem größten Feinde ich verzeihen kann.

3. Danke, für meine Arbeitsstelle,
danke, für jedes kleine Glück, danke,
für alles Frohe, Helle und für die Musik.

4. Danke, für manche Traurigkeiten,
danke, für jedes gute Wort, danke,
daß Deine Hand mich leiten will an jedem Ort.

5. Danke, daß ich Dein Wort verstehe,
danke, daß Deinen Geist Du gibst, danke,
daß in der Fern und Nähe Du die Menschen liebst.

6. Danke, Dein Heil kennt keine Schranken,
danke, ich halt mich fest daran, danke,
ach Herr, ich will Dir danken, daß ich danken kann.

* Modulationsakkord

Text und Melodie: Martin G. Schneider. Aus: Neue Kinderlieder (BE 807)

Am Ende jeder Strophe wird in der 2. Hälfte des letzten Taktes der (terz-)verwandte Dominantseptakkord zur Modulation in die nächsthöhere Tonart angeschlagen:
am Ende der 1. Strophe in E-Dur: C^7,
am Ende der 2. Strophe in F-Dur: Db^7 (= $C\sharp^7$),
am Ende der 3. Strophe in Ges-Dur (= Fis-Dur) D^7 usw.

In der Griff-Folge sieht das so aus:

1. Strophe:

E

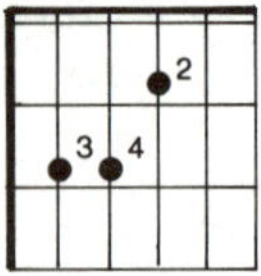

Wechsel-
griff zur
nächsten
Tonart:

C7

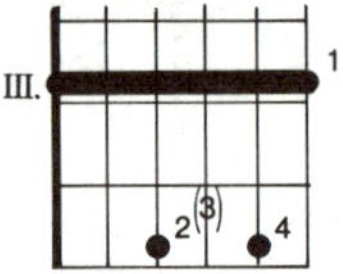

2. Strophe:

F

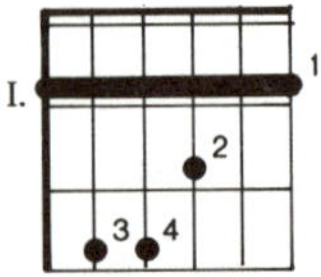

C♯7

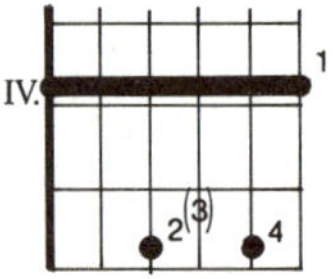

3. Strophe

F♯

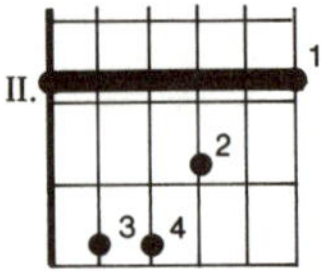

D7

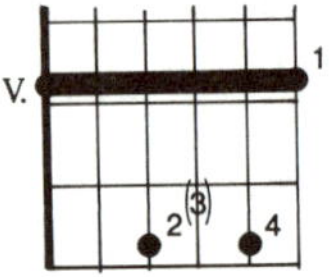

Begleitung (zweitaktiges Schlagmuster mit Synkope):

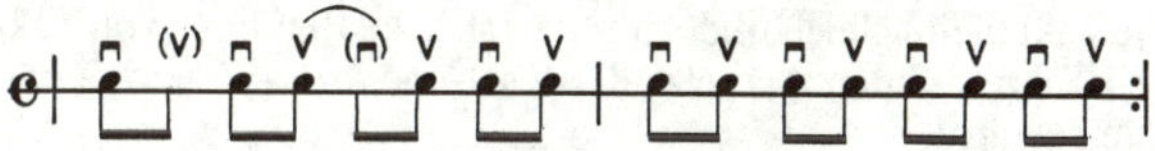

49

Tonart: C-Dur

Taktart: ⁶⁄₈-Takt abwechselnd mit ³⁄₄-Takt. Die Zahl der Achtel je Takt bleibt gleich, jedoch ändert sich die Betonung von Takt zu Takt, von den Achtelzählzeiten 1 und 4 zu 1, 3 und 5, und umgekehrt.

Akkordgriffe:
C, F, G, B, A♭, G^7, Dm^7

neu:

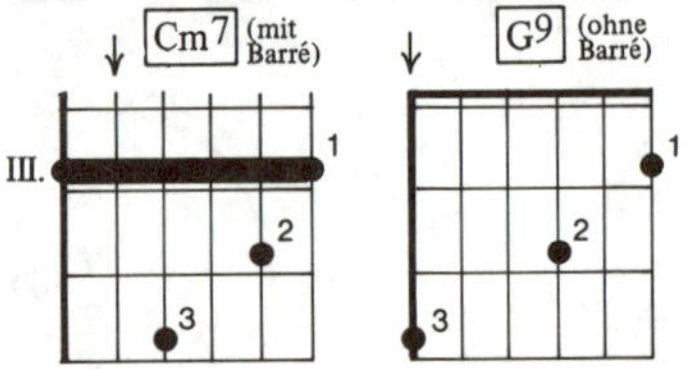

Diese neuen Akkorde bringen besondere Farben in den harmonischen Ablauf. Von der Grifftechnik her sind sie nicht schwieriger als die Grundakkorde Cm und G. Nur beim Griffwechsel sind Besonderheiten zu beachten:

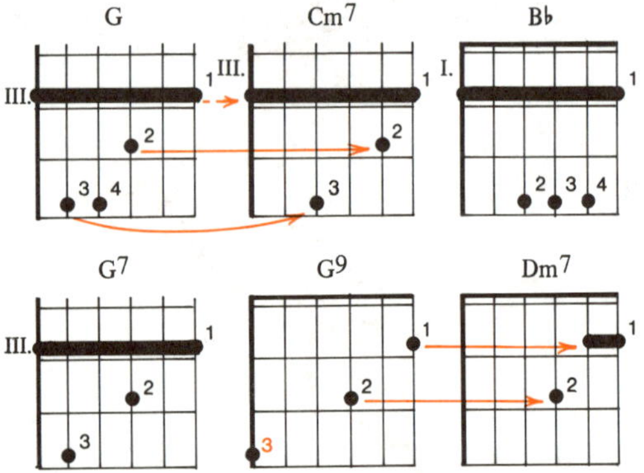

Begleitung:

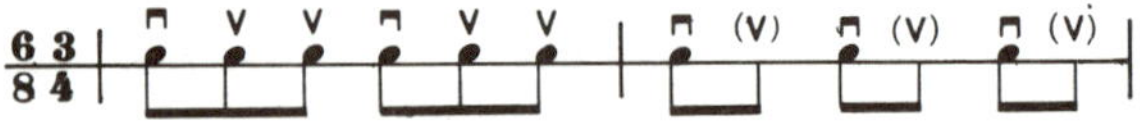

America

Text: Stephen Sondheim. Musik: Leonard Bernstein
Mit Genehmigung von NEUER THEATER-VERLAG GMBH, Hamburg

Tonart: G-Dur

Taktart: C = 4/4-Takt mit Auftakt

50

Akkordgriffe: G, D, D^7, G^7, C, Am

neu:

D7/9

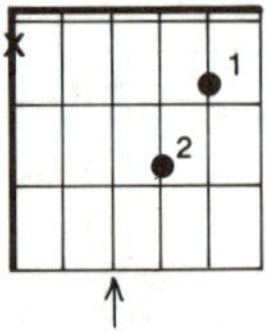

Ein „farbiger“ Akkord ohne Barré, sehr einfach zu greifen.

Auch im Wechsel zu G (mit Barré) ergeben sich keine großen Schwierigkeiten: der 2. Finger bleibt auf derselben Saite und gleitet nur um zwei Bünde höher bzw. tiefer.

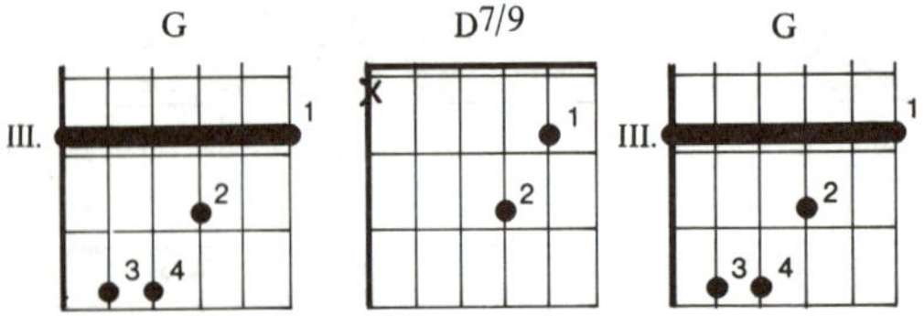

Begleitung: Wechselanschlag mit Synkope

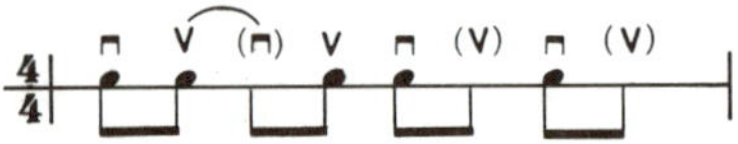

We come on the sloop „John B."

Traditional

Tonart: C-Dur

51

Taktart: 4/4-Takt mit Auftakt auf dem 3. Viertel

Akkordgriffe: C, F, Am, Dm, Em, Dm^7

neu:

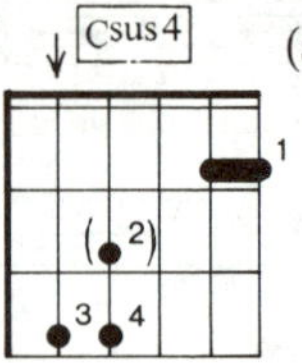

(auch nur als C^{sus} oder C^4 bezeichnet)

Dies ist ein „Vorhalt-Akkord“, d. h., der 4. Ton der Tonleiter wird vor den 3. Ton (die Terz) „vorgehalten“, bevor er sich in diesen auflöst. Wir haben hier nur einen kleinen Barrégriff mit dem 1. Finger über zwei Saiten. Beim Wechsel von C^{sus} zu C und umgekehrt kann auch der 2. Finger am II. Bund der D-Saite immer liegenbleiben.

Begleitung: Akkordisches Zupfen wie bei Lied Nr. 20.

Morning of my life

Text und Musik: Barry A. Gibb

Tonart: G-Dur

52

Taktart: ¾-Takt

Akkordgriffe: G, C, D^7, D, E^7, A^7, Am^7

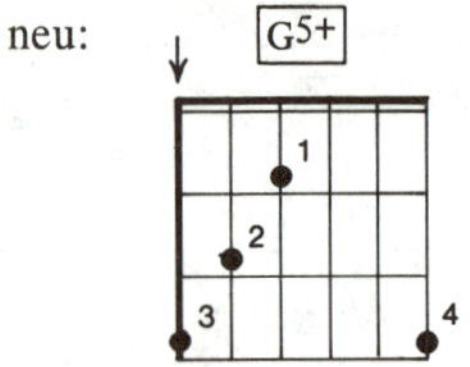

Hier können wir (zur Erholung) alle Akkorde ohne Barré spielen. Wichtig ist dabei der neue Griff mit der erhöhten Quinte, der mit 5+ oder einfach nur mit + gekennzeichnet wird. Dieser Akkord verschärft die Spannung zur nachfolgenden Harmonie, hier von G zu C.

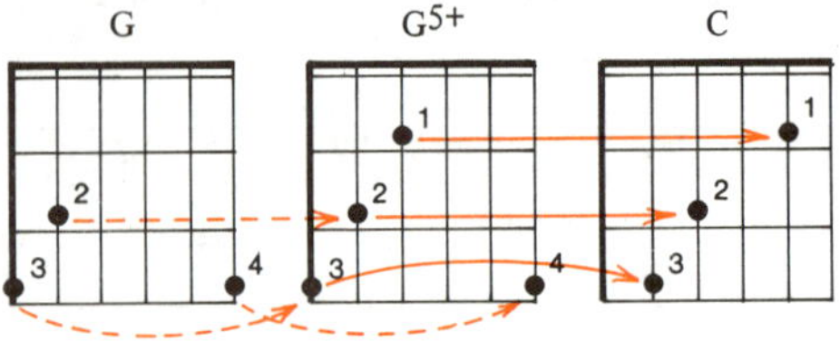

Auch in anderen Tonarten können solche Spannungsakkorde eingesetzt werden. Z. B.

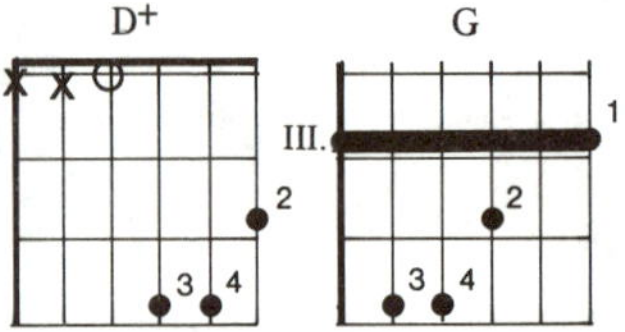

Fortsetzung Seite 118

Junge, komm bald wieder

Fortsetzung Seite 119

oder mit kleinem Barré über g- und h-Saite:

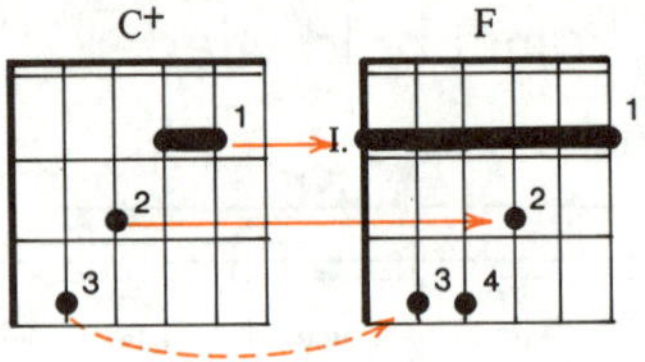

Begleitungsvorschlag: Einfacher Daumenanschlag im Wechsel zwischen auf und ab:

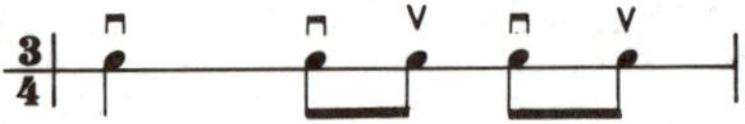

Junge, komm bald wieder, bald wieder nach Haus.
Junge, fahr nie wieder, nie wieder hinaus.
Ich mach' mir Sorgen, Sorgen um dich.
Denk auch an morgen, denk auch an mich.
Junge, komm bald wieder, bald wieder nach Haus.
Junge, fahr nie wieder, nie wieder hinaus.

2. Wohin die Seefahrt mich im Leben trieb,
ich weiß noch heute, was mir Mutter schrieb.
In jedem Hafen kam ein Brief an Bord,
und immer schrieb sie: „Bleib nicht so lange fort!“
Junge, komm bald wieder...

Text: Walter Rothenburg: Musik: Lotar Olias

Tonart: d-Moll **53**

Taktart: ¢ = Alla breve (es werden nur die Halben gezählt).

Akkordgriffe: Dm, A, A^7, G, C; dazu eine Reihe ausgefallener Akkorde, die ungewöhnliche Farben ins Spiel bringen:

Dm^6

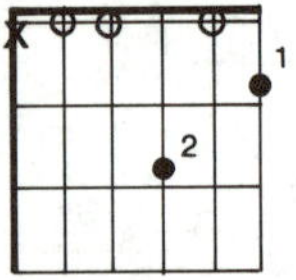

Em^6

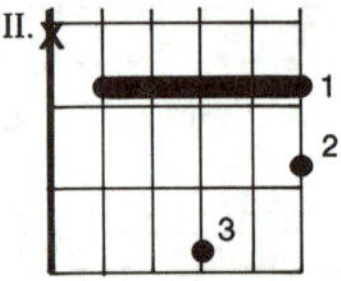

$E^{\natural}_{\sharp}$

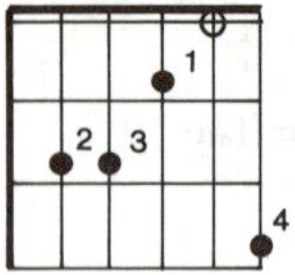

Ein Griff, der gleichzeitig Dur und Moll enthält und damit instrumental gewissermaßen die Wirkung einer „dirty note“ (die aus dem Blues-Gesang bekannte Schwebung zwischen kleiner und großer Terz) erzeugt.

A^{7}_{5-}

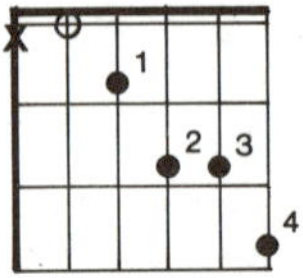

Septakkord mit verminderter Quinte. Er verdoppelt die leittonartige Spannung zum folgenden Tonika-Akkord, hier zu Dm bzw. Dm^6.

$C^{7}_{\substack{4\\2}}$

Gm^6

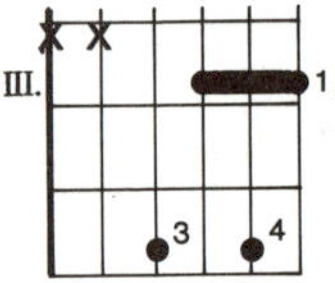

Gm^7

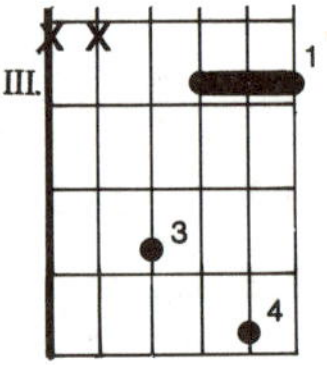

Summertime

Text: Ira Gershwin/Du Bose Heyward; Musik: George Gershwin

Begleitung: Wir schlagen halbe Noten im Arpeggio.

Tonart: a-Moll 54
Taktart: 4/4-Takt mit Auftakt
Akkordgriffe: Am, Dm^6, E, E^7, F, F^7; dazu neue „Farben“:

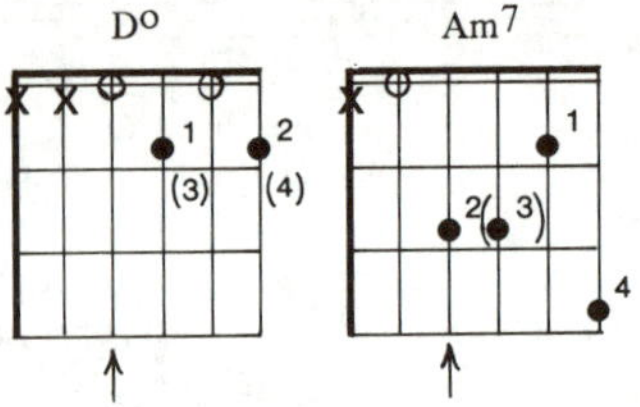

D^0 ist der Ausgangsgriff für verminderte Septakkorde in allen Lagen (siehe Seite 160 f.).
Auch Sept- und Sextakkorde in Moll lassen sich durch Barrégriffe in sämtliche Tonarten transponieren (siehe Seite 159 und Seite 160).

Begleitung:

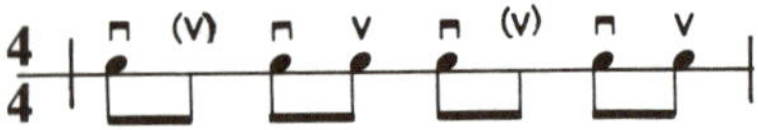

Go down, Moses

2. Thus saith the Lord bold Moses said, let . . .,
if not I'll smite your first-born dead, let . . .

3. No more shall they in bondage toil, let . . .,
let them come out with Egypt's spoil, let . . .

4. O let us all from bondage flee, let . . .,
and let us all in Christ be free, let . . .

Gospel

Melodien zum Spielen 55

Beim Melodiespiel schlagen wir mit der Spielhand nicht volle Akkorde oder in Einzeltöne aufgegliederte Harmonien an, sondern – wie die Bezeichnung ja schon sagt – Melodien, d. h., wir spielen die Singstimme. Das ist zunächst eine erhebliche Umstellung: Die Finger der Griffhand können sich nicht mehr an vorgegebene Akkordmuster halten; sie werden auch zunächst nicht mehr gleichzeitig eingesetzt, sondern nacheinander, und die Finger der Spielhand müssen sich genau nach den gegriffenen Saiten richten. Beim Akkordspiel ist es keine Tragödie, wenn – auch beim Einzeltonanschlag – ein Finger mal eine falsche Saite erwischt; der gegriffene Akkord wird dadurch nicht falsch. Beim Melodiespiel ist das ganz anders. Durch eine falsche Saite wird der Fluß der Melodie erheblich gestört.

Zuächst eine einfache Übung: Schlage mit dem Daumen leere (also nicht gegriffene) Saiten an. Hier sind drei kurze Übungsmelodien auf den Saiten D, g und h. Beginne langsam, und steigere allmählich das Tempo. Zähle dazu entsprechend den angegebenen unterschiedlichen Taktmaßen.

Die Melodien sind, wie auch alle folgenden, sowohl in Notenschrift wie auch in Tabulaturschrift wiedergegeben.

Vgl. Seite 162 ff

a

Zähle:
1 2 3 4 1 2 3 4
e h g D A E
T A B

b

Z.: 3 1 2 3 1 2 3 1 2 3 1 2
e h g D A E
T A B

c

Z.: 3 1 u. 2 3 1 2 u. 3 1 2 3 u. 1
e h g D A E
T A B

Tabu-
latur –
Gitarren-
noten-
mixtur!

Tonart: G-Dur
Taktart: 4/4-Takt

56

Das erste Lied mit gegriffenen Tönen: Die linke Hand greift, wie angegeben, die Saiten g und h, der Daumen der rechten Hand schlägt die Saiten.

Vorübung:

Zum Fingersatz vgl. Seite 162 ff

Rundadinella

57

Tonart: d-Moll
Taktart: 6/4-Takt; die Zählschwerpunkte liegen auf 1 und 4.

Diesmal greift die linke Hand auf der D- und g-Saite. Wieder verwenden wir zum Anschlag den Daumen der rechten Hand.

Vorübung:

Alle, die mit uns auf Kaperfahrt fahren

Text siehe Band 1, Seite 133

Tonart: G-Dur
Taktart: ¾-Takt

58

Verwende nun anstelle des Daumens zum Anschlagen Zeige- und Mittelfinger, und zwar im Wechsel.

i = Zeigefinger
m = Mittelfinger (siehe Seite 167)

Als Vorübung dient das bereits bekannte Lied „Rundadinella". Zeige- und Mittelfinger berühren die g- und h-Saite in freiem Anschlag (= „tirando")

Vgl. Seite 166 f

Bald gras ich am Neckar

Text siehe Band 1, Seite 75

Tonart: G-Dur
Taktart: 4/4-Takt

59

Das Lied, über das W. A. Mozart seine berühmten Klaviervariationen geschrieben hat, ist bei uns auch mit dem Titel „Morgen kommt der Weihnachtsmann“ bekannt.
Beim Wechselanschlag zwischen Zeigefinger (i) und Mittelfinger (m) versuchen wir jetzt anstelle des freien Anschlags das „Apoyando“: Der Spielfinger wird nach dem Anschlag an der nächsten Saite angelegt.

Übung:

m i m i m i m i m i m i m i m i m i m i m

Vgl. Seite 167

Ah! Vous dirai-je, maman

60

Bis jetzt hast du in der I. Lage gespielt, d.h., wenn der Zeigefinger deiner Griffhand einzusetzen war, hast du ihn am I. Bund angesetzt. Mit dem neuen Lied gehen wir in weitere Lagen (vgl. Seite 165) und damit in immer neue Tonarten.

Dieses Lied gibt Gelegenheit, das 1. Griffmodell für Dur-Tonarten (siehe Seite 170) in drei verschiedenen Lagen auszuprobieren (Ausgangssaite A):
II. Lage C-Dur
IV. Lage D-Dur
VI. Lage E-Dur

Übung: Tonleitern in verschiedenen Lagen und Rhythmen.

Tonleitermodell in D-Dur (IV. Lage)

Fortsetzung Seite 136

Auf der Eisenbahn

a) II. Lage = C-Dur

b) IV. Lage = D-Dur

Fortsetzung Seite 137

Tonleiter in E-Dur (VI. Lage)

Übe dieses Tonleitermodell nicht nur in den angegebenen Lagen, sondern in allen möglichen anderen, von der I. bis z. B. zur VIII. Lage.

Anschlag: Wechselschlag zwischen m und i mit „apoyando".

Die Ziffern im fünfzeiligen *Notensatz* bezeichnen die Greiffinger 1–4. Die Ziffern in der *Tabulatur* weisen auf die *Bünde* hin. Vgl. Seite 162 ff.

c) VI. Lage = E-Dur

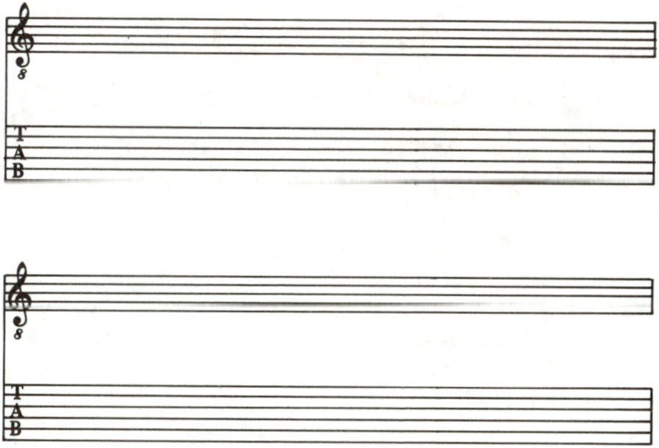

61

Dieses (Kinder-)Lied gibt Gelegenheit, das erste Griffmodell mit der Ausgangssaite E (vgl. Seite 169) in verschiedenen Lagen und Tonarten auszuprobieren. Wir haben hier zunächst die III. Lage und damit eine ziemlich seltene Tonart, nämlich As-Dur, gewählt. In der V. Lage erklingt B-Dur.

Übe dazu die entsprechenden Tonleitern in verschiedenen Rhythmen (wie z. B. bei Lied Nr. 60. Überlege und versuche auch andere Rhythmen!)

Vgl. auch Seite 136

Ist ein Mann in' Brunnen g'fallen

a) III. Lage = As-Dur

Zwischenspiel:

b) V. Lage = B-Dur

Zwischenspiel

Übung: Trage hier eine weitere Tonart ein, z. B. G- oder A-Dur, und spiele entsprechend.

62

Das zweite Dur-Griffmodell geht wieder von der A-Saite aus, allerdings mit einem neuen Fingersatz. (Vgl. Seite 171)

Den bekannten Song „Oh, when the Saints go marchin' in" spielen wir in der II. und IV. Lage, d. h. in D-Dur und E-Dur.

Übung: Tonleitern in allen Lagen des neuen Griffmodells, in verschiedenen Rhythmen.

Oh, when the Saints

a) II. Lage = D-Dur

b) IV. Lage = E-Dur

Text siehe Band 1, Seite 41

63

Auch für Moll-Tonarten gibt es verschiedene Griffmodelle. Zur Abwechslung also hier ein Lied in Moll. Anders als bei dem Lied Nr. 57, das ebenfalls in einer Moll-Tonart steht, verwenden wir keine „leeren" Saiten, sondern von vorneherein nur „gegriffene". Dazu dient das Griffmodell auf Seite 173ff. Übe die dort aufgezeichneten Tonleitern in natürlichem, harmonischem und melodischem Moll, auf- und abwärts und selbstverständlich in verschiedenen Lagen.

Das Lied „Sascha" ist hier in der II. und IV. Lage aufgezeichnet. Selbstverständlich kannst du es auch in anderen Lagen spielen.

Anschlagsart:
a) Wechselanschlag mit Zeige- und Mittelfinger (i u. m)
b) Wechselanschlag mit Plektrum (ab ⊓ und auf ∨).

Vgl. Seite 166 und Seite 168

Sascha liebt nicht große Worte

a) II. Lage = d-Moll

Text siehe Band 1, Seite 37.

b) IV. Lage = e-Moll

Übung: Trage hier die V. Lage (f-Moll) ein und spiele entsprechend.

Wieder ein Lied in Dur. Diesmal mit dem 3. Griffmodell (vgl. Seite 172).
Der alte „Frère Jacques“ ist hier in der II. Lage in G-Dur aufgezeichnet.

Zur Vorübung empfiehlt sich wieder die Tonleiter – auch wenn es schwerfällt: Tonleiterübungen geben Griffsicherheit. Und wenn du einmal frei improvisieren willst (z. B. im Jazz), mußt du ohnehin alle Tonarten in allen Modellen und in allen Lagen gewissermaßen im Schlaf beherrschen.

Noch eine Übung: Übertrage das Lied in eine andere Lage (z. B. V. Lage B-Dur). Die leeren Zeilen warten schon darauf!

Frère Jacques (Meister Jakob)

a) II. Lage = G-Dur

Zum Abschluß unserer Einführung in das Melodiespiel ein Lied mit Lagenwechsel. Wenn du dir die Tonleitern auf Seite 174f. ansiehst, stellst du fest, daß im natürlichen und harmonischen Moll der 1. Finger von einem Bund zum nächsten wandern muß, d. h., zwischen dem 3. und 4. Ton ist die ganze Griffhand um eine Lage zu versetzen. Wenn du das ein paarmal probiert hast, wird es dir nicht mehr schwerfallen.

Spiele das Lied zunächst in der II. mit Wechsel zur III. Lage. Danach in weiteren Lagen.

Anschlagsart: Wechselschlag mit Plektrum oder mit i und m.

Laß dich nicht durch die Tonhöhe verwirren! Du kannst ja eine oder zwei Oktaven tiefer mitsummen.

Wenn du es dann schaffst, das Lied in die leeren Noten- und Tabulaturzeilen in einer anderen Lage fehlerfrei einzutragen, dann bist du zwar noch kein Profi, aber schon auf dem richtigen Weg dazu!

Birkenbäumchen stand auf dem Felde

III.
II.
III.
II.

Grundlagen des Barré- und Melodiespiels

Die großen Barrégriffe

Sinn und Zweck des Barréspiels

Barré ist von dem französischen Wort *barrer* (= verriegeln, versperren, absperren) abgeleitet und bedeutet soviel wie: ab hier ist abgesperrt. (Aus demselben Wortstamm kommen die bekannten Begriffe „Barren", „Barriere", „Barrikade".) Durch den Barrégriff wird eine künstliche Schranke errichtet, die mehrere Saiten gleichzeitig und gleichermaßen verkürzt und damit im Klang erhöht. Man kann auch so sagen: Der Barrégriff ist eine künstliche Verschiebung des Sattels.
Die gleiche Wirkung hat der Kapodaster (vgl. Bd. 1, Seite 179). Während der Kapo ein mechanischer Behelf ist, der während eines Stückes praktisch nicht verändert werden kann, ist der Barrégriff ein rein manuelles und daher äußerst flexibles Hilfsmittel: Die Barré-Schranke kann während eines Stückes beliebig oft versetzt werden, von einem Bund zum anderen.
Gemeinsam mit dem Kapodaster hat der Barrégriff den Vorteil, daß bei einem Akkord meist alle Saiten der Gitarre angeschlagen werden können. Für jeden, der „Schlaggitarre" spielen möchte, ist die Beherrschung der Barrégriffe also eine wesentliche Voraussetzung. Aber auch für die vielen anderen Arten des Anschlagens („Zupfens") sind Barrégriffe oft unerläßlich, weil manche Akkorde einfach nicht ohne diese auskommen.

Technik des Barréspiels

Beim Barrégriff wird der Zeigefinger (der linken Hand) quer über die Saiten gelegt. Die Auflage soll so nahe wie möglich am Bundstäbchen und möglichst parallel dazu erfolgen. Alle betroffenen Saiten müssen fest abgedrückt werden, damit wirklich eine „Barriere" entsteht. Der Daumen liegt ziemlich genau gegenüber dem Zeigefinger am Rücken des Gitarrenhalses auf. Er kann – muß aber nicht – einen gewissen Gegendruck bilden. Der eigentliche Druck für den Barréfinger wird durch das Gewicht des leicht nach hinten gebeugten Armes erzeugt. Dabei darf das Handgelenk nicht zu stark abgewinkelt werden, sonst werden die übrigen Finger zu unbeweglich und das Handgelenk zu schnell müde.

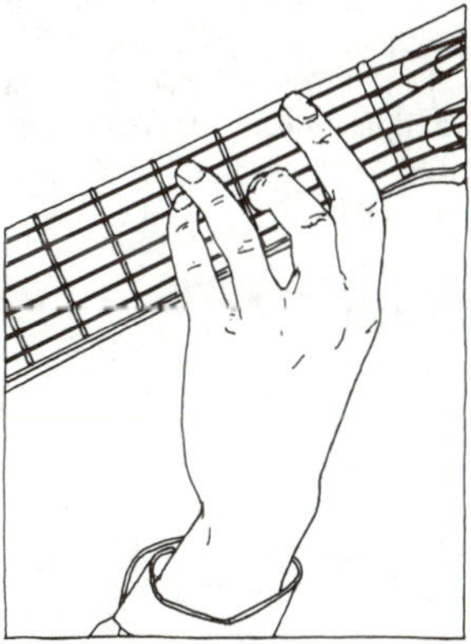

Großer Barrégriff (hier: F) mit guter Fingerhaltung

Mit dem rechten Arm drückt man leicht gegen den Korpus, damit die Gitarre nicht wegkippt.

Alle Barrégriffe können von Bund zu Bund versetzt werden; sie klingen dann jeweils um einen halben Ton höher. Man nennt das **Lagenwechsel,** d. h., die Lage des ersten (Zeige-)Fingers wechselt von einem Bund zum anderen. Bei der ersten **Lage** befindet sich der Zeigefinger am ersten Bund, bei der zweiten Lage am zweiten usw. Die anderen Finger folgen entsprechend (siehe unten). Bei gleicher Griffweise rutscht die Hand einfach ohne Veränderung der Fingerstellung weiter, manchmal auch über zwei oder mehrere Bünde. Dabei ist nur wichtig, die Fingerstellung den allmählich geringer werdenden Bundabständen anzupassen.

Dann gibt es aber auch den Griffwechsel innerhalb einer Lage und von einer Lage zur anderen. Der Druck des Zeigefingers bleibt gleich, während die anderen Finger wandern. Viele Übungen zu solchen Finger- und Lagenwechseln bieten die vorstehenden Lieder (vgl. z. B. Seite 106ff.).

Systematik der Barrégriffe

Mit nur drei Grundpositionen lassen sich alle Dur- und mit drei weiteren alle Moll-Akkorde in sämtlichen Tonarten spielen. Nur geringe zusätzliche Fingerwechsel erschließen Sept-, Sext- und andere ergänzte Akkorde. **Grundpositionen** für reine Dur-Akkorde sind die bekannten Griffe

E, A und D

für Moll-Akkorde entsprechend

Em, Am und Dm

für Sept-Akkorde

E^7, A^7 und D^7 usw.

Durch Höherversetzen der Griff-Finger und Hinzufügen des Barréfingers ergeben sich damit von Bund zu Bund jeweils um einen halben Tonabstand höhere Klänge. So einfach ist das.

Dur-Akkorde

Grund-
position:

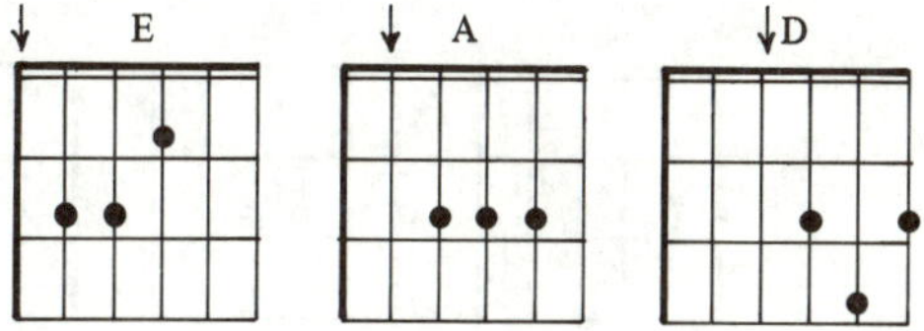

1. (Barré-)
Lage:

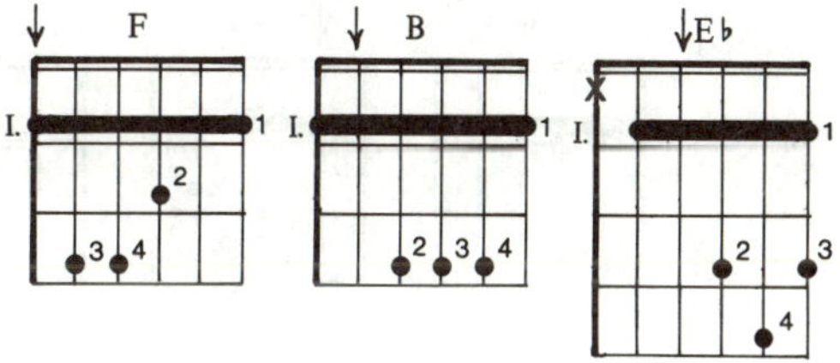

2. Lage:

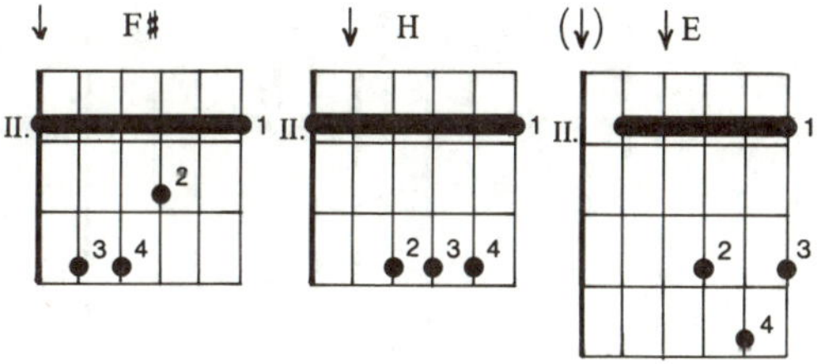

3. Lage	G	C	F
4. Lage	Ab/G♯	Db/C♯	Gb/F♯
5. Lage	A	D	G
6. Lage	B	Eb/D♯	Ab/G/♯
7. Lage	H	E	A
8. Lage	C	F	B

Moll-Akkorde

Grund-
position:

Em

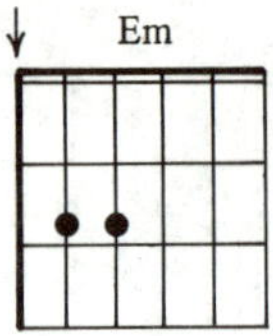

Am

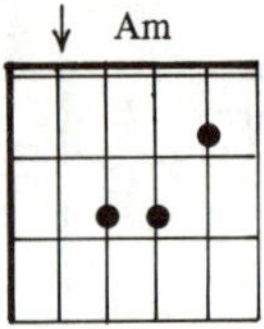

Dm

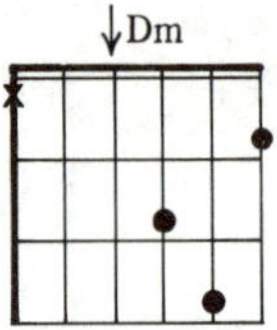

1. (Barré-)
Lage:

Fm

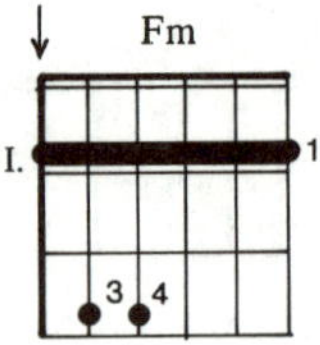

Bm

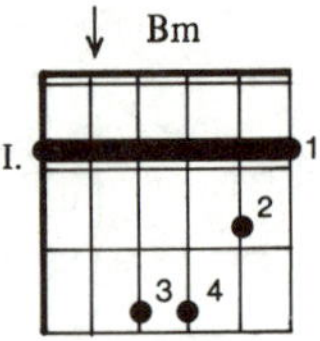

E♭m

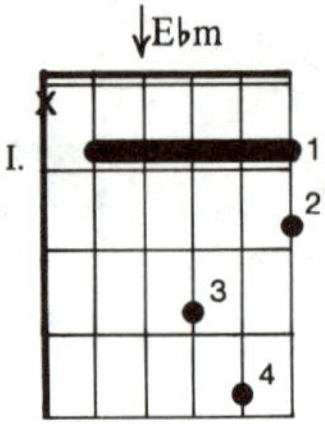

2. Lage:

F♯m

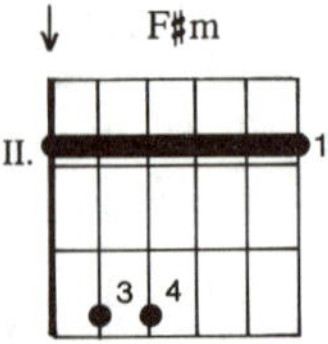

Hm

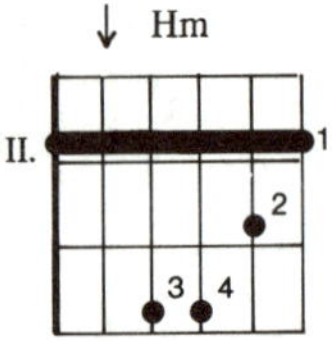

Em

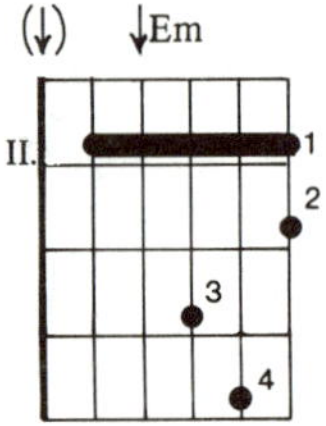

3. Lage:	Gm	Cm	Fm
4. Lage:	A♭m/G♯m	D♭m/C♯m	G♭m/F♯m
5. Lage:	Am	Dm	Gm
6. Lage:	Bm	E♭m	A♭m/G♯m
usw.			

Septim-Akkorde

Grund-
position:

1. (Barré-)
Lage:

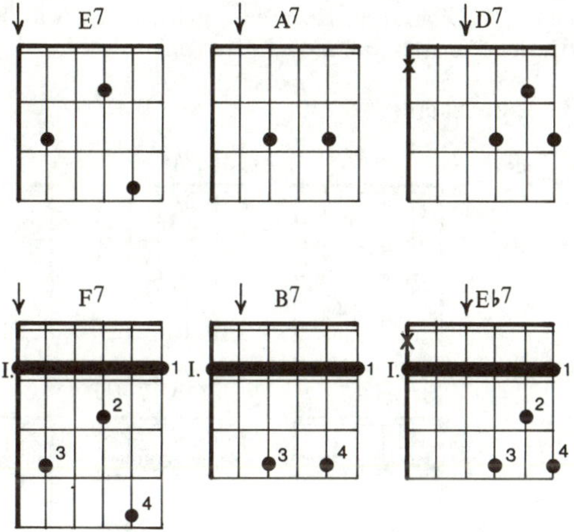

2. Lage:	F♯^{7}	H^7	E^7
3. Lage:	G^7	C^7	F^7
4. Lage:	Ab^7/G♯^{7}	Db^7/C♯^{7}	Gb^7/F♯^{7}
5. Lage:	A^7	D^7	G^7
6. Lage:	B^7	Eb^7	Ab^7/G♯^{7}
usw.			

Die wichtigsten Akkorde finden sich in der E- und A-Reihe; von der D-Reihe sind im allgemeinen nur die Griffe Eb, Eb^7 und vielleicht noch Ebm wichtig. Anstelle der höheren Lagen dieser Gruppe gebraucht man im allgemeinen Griffe der E- bzw. A-Reihe.

Erweiterte Barrégriffe

Entsprechend können auch andere Akkorde, die besondere Farben in das Gitarrenspiel bringen, durch Barrégriffe in die verschiedensten Tonarten transponiert werden:

Vorhalt-Akkorde

Grund-position: ↓ E4 ↓ A4 ↓D4

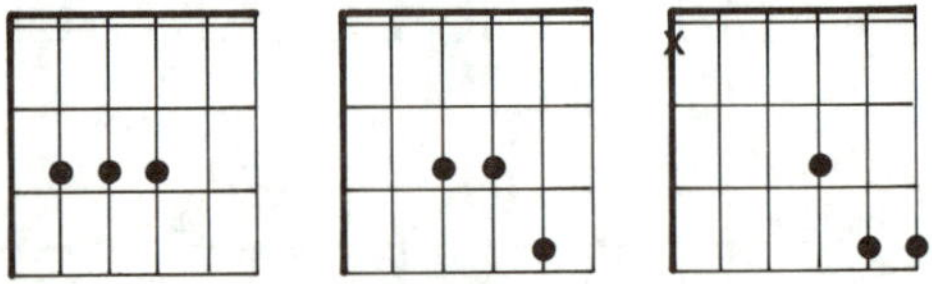

1. (Barrè-) Lage: ↓ F4 ↓ B4 ↓E♭4

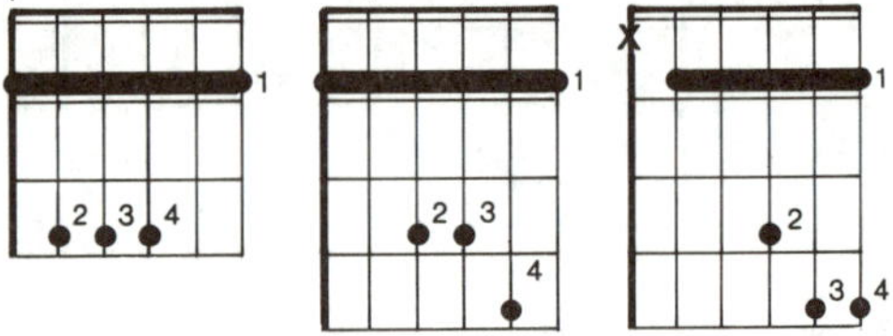

2. Lage:	F♯4	H4	E4
3. Lage:	G4	C4	F4
usw.			

Sextakkorde

Grund-position: ↓ E6 ↓ A6 ↓D6

1. (Barré-) Lage:

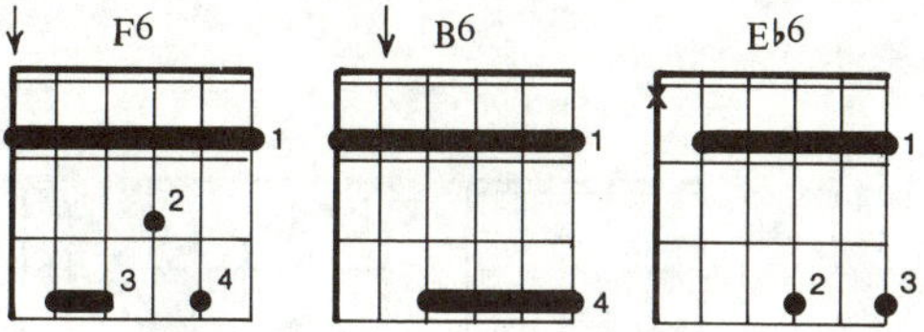

2. Lage:	F♯^{6}	H^6	E^6
3. Lage:	G^6	C^6	F^6
usw.			

Der B^6-Griff ist hier von besonderer Bedeutung: Er erfordert zwar ein Doppel-Barré mit dem ersten und vierten (oder auch dritten) Finger, ist aber dadurch sogar leichter zu greifen als die reinen Akkorde B und Gm, die er oftmals bei der Liedbegleitung ersetzt.

Moll-Septakkorde

Grund-position:

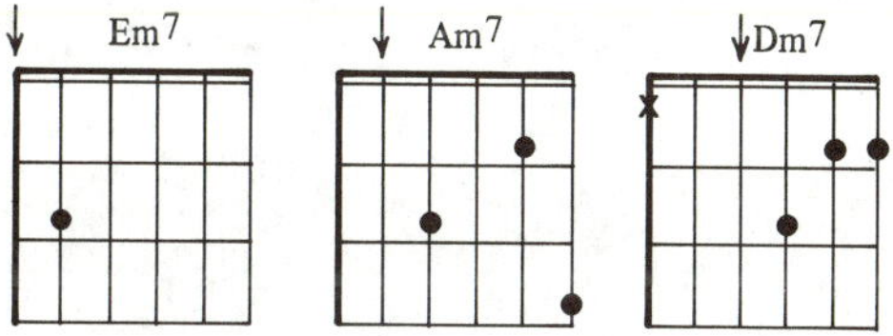

1. (Barré-) Lage:

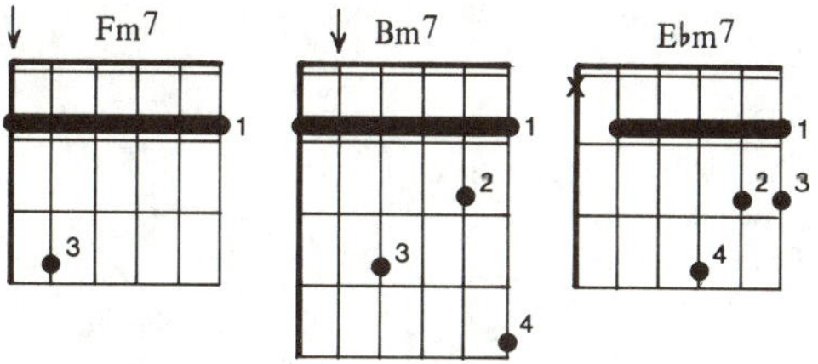

2. Lage:	F♯m^7	Hm^7	Em^7
3. Lage:	Gm^7	Cm^7	Fm^7

Moll-Sextakkorde

Grund-position:

Em^6

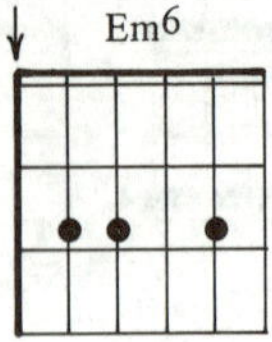

Am^6

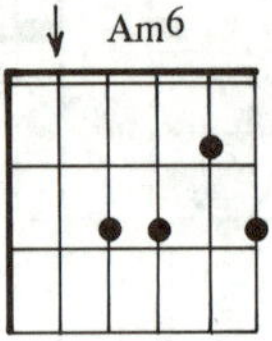

Dm^6

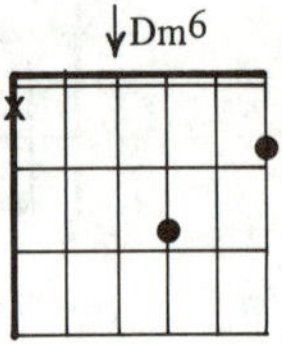

1. (Barré-) Lage:

Fm^6

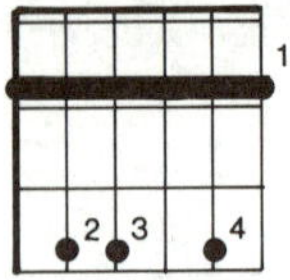

Bm^6

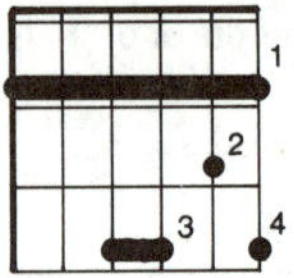

E♭m^6

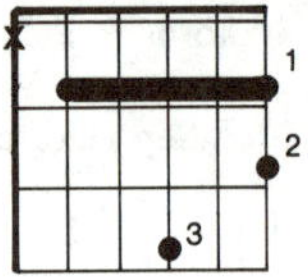

2. Lage:	F♯m^6	Hm^6	Em^6
3. Lage:	Gm^6	Cm^6	Fm^6
usw.			

Verminderte Septakkorde

Grund-position:

D^o

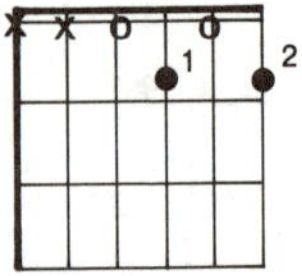

Die Lagengriffe sind auch ohne Barré auszuführen. (Welche Ausführung die bessere ist, entscheidet jeweils der Griffwechsel!)

1. Lage: D♯° (= E♭°)

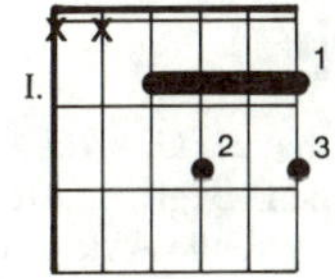

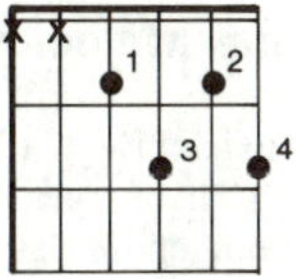

2. Lage: E°

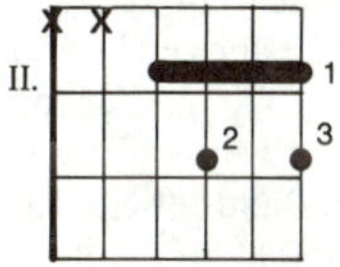

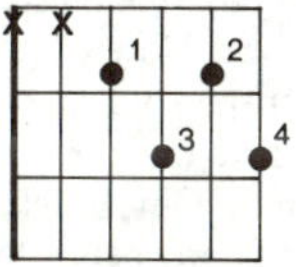

3. Lage: F°

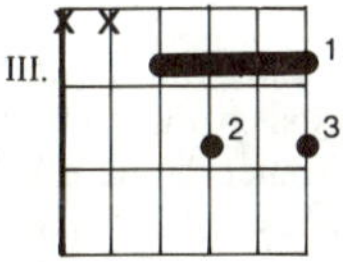

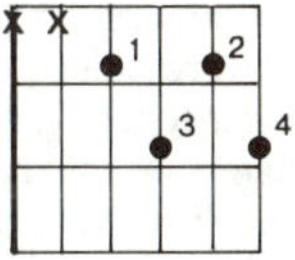

usw.

Für diese Akkorde werden verschiedene Griffbezeichnungen verwandt, nämlich wie hier eine hochgestellte ^{0} oder hochgestellt die Bezeichnung *dim* (abgekürzt für „diminished") bzw. *verm* (abgekürzt für „vermindert").
Alle diese Zusatzbezeichnungen, also ^{0}, ^{dim} und ^{verm}, weisen auf den *verminderten Septakkord* hin.

Einführung in das Melodiespiel

Bei der Ausgestaltung der Begleitung hat der Gitarrenspieler freie Hand, sofern er nicht vorgegebenen Begleitmustern folgen möchte. Deshalb genügen für das begleitende Akkordspiel allgemeine Griffhinweise. Beim Melodiespiel muß der Gitarrist dagegen genau dem vorgegebenen Notentext folgen. (Vom Improvisieren wollen wir hier zunächst absehen. Im allgemeinen sollte man dazu ja auch vorher das Melodiespiel nach Vorlage erlernt haben.) Unser abendländisches Notensystem ist aber nicht so ohne weiteres in das Gitarrenspiel umzusetzen. Wir greifen daher – und folgen damit der heute üblichen und bewährten Praxis – auch auf das ältere Tabulatursystem zurück. In Band 1 (Seite 166ff.) wurde es im Hinblick auf gebrochene Begleitakkorde kurz angedeutet. Für das Melodiespiel erfordert es eine differenziertere Betrachtung.

Grundzüge der Tabulaturschrift

Die Tabulaturschrift verwendet sechs *Linien* (im Gegensatz zu den fünf Linien des Notensystems); sie stellen die *sechs Saiten* der Gitarre dar. Die unterste Linie bezeichnet die tiefe E-Saite, die oberste entsprechend die hohe e^1-Saite. Anstelle des Notenschlüssels wird zur eindeutigen Kennzeichnung der Tabulatur das Kürzel TAB vorgesetzt:

Auf den sechs Linien wird durch eine Ziffer angegeben, an welchem Bund ein Finger der (linken) Griffhand eingesetzt werden muß:

0 bedeutet: Kein Bund ist zu greifen, d. h., die Saite wird „leer" angeschlagen

1 bedeutet: Ein Finger der Griffhand setzt am 1. Bund auf
2 bedeutet: Griff am 2. Bund
3 bedeutet: Griff am 3. Bund
4 bedeutet: Griff am 4. Bund usw.

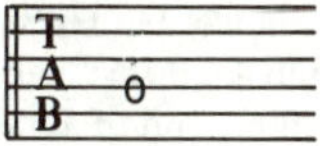

= die leere D-Saite wird angeschlagen

= ein Finger der linken Hand greift die A-Saite am 2. Bund

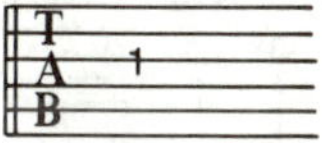

– Griff am 1. Bund der g-Saite (= g♯)

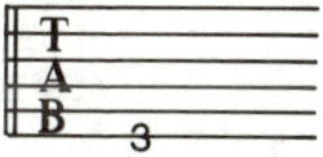

= Griff am 3. Bund der E-Saite (= G)

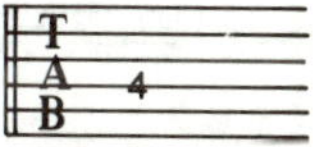

= Griff am 4. Bund der D-Saite (= f ♯)

Damit ist die Lage der Töne auf den Gitarrensaiten eindeutig bezeichnet. Für das Melodiespiel brauchen wir aber auch genaue Angaben zur Dauer der Töne. Bezeichnungen zur Taktvorgabe, Takteinteilung sowie für Noten- und Pausenwerte übernehmen wir aus der Notenschrift in das Tabulatursystem (siehe Band 1, Seite 172ff.). Einige Unterschiede sind allerdings zu beachten:

Ganze Note:

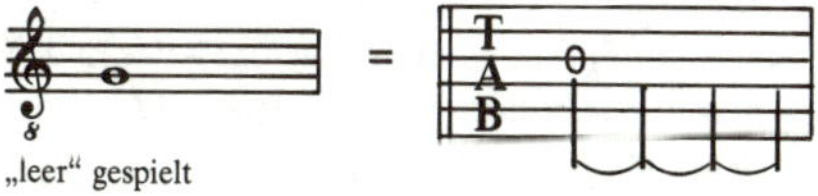

„leer" gespielt

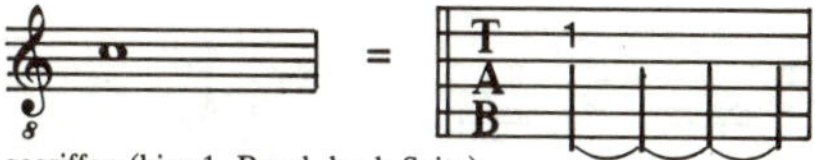

gegriffen (hier 1. Bund der h-Saite)

Halbe Note:

=

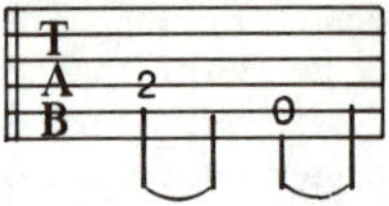

gegriffen und „leer“ gespielt

Zur Kennzeichnung der ganzen und halben Noten werden Hilfsstriche mit Bindebogen verwendet. Viertelnoten kennzeichnen einfache Hälse, noch kleinere Notenwerte entsprechende Fähnchen und Balken:

Viertel:

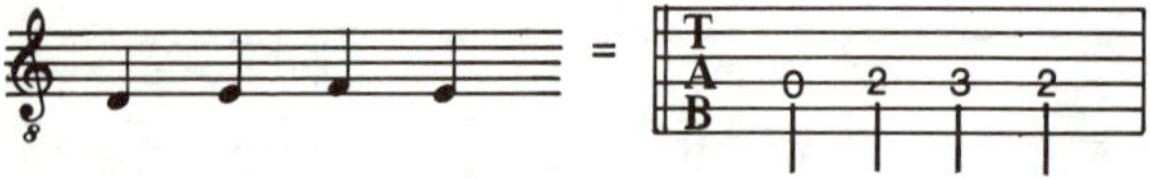

Achtel:

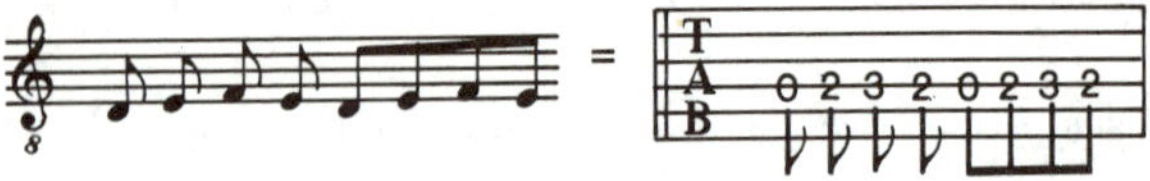

Sechzehntel:

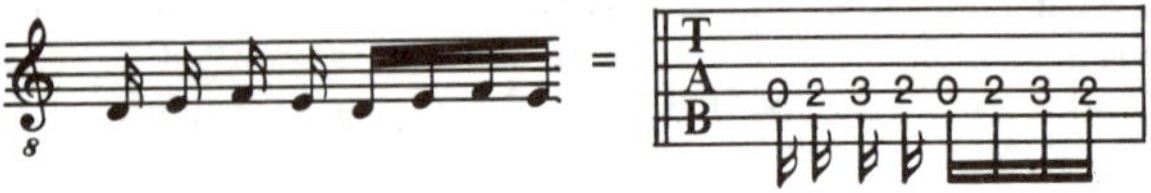

Verlängerte Notendauer wird entweder – wie in der Notenschrift – durch einen Punkt hinter dem Griffsymbol angedeutet oder durch einen entsprechenden Haltebogen, z. B.

Dreiviertel:

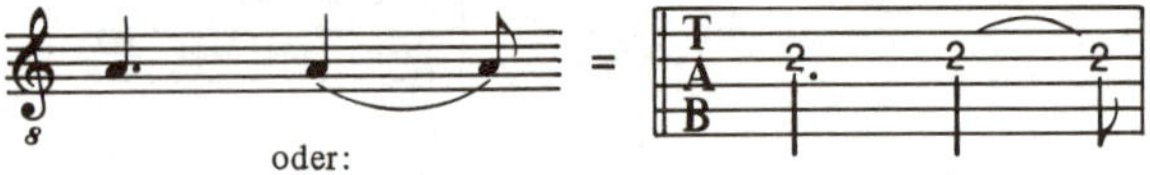

oder:

oder:

Noch mal: Die **Ziffern** bezeichnen den **Bund,** an dem ein Finger der linken Hand auf die betreffende Saite aufzusetzen ist. Welcher Finger zu greifen hat, wird im allgemeinen nicht gekennzeichnet. Es gilt vielmehr grundsätzlich:

In der **ersten Lage** greifen (egal auf welcher Saite)
der Zeigefinger am 1. Bund
der Mittelfinger am 2. Bund
der Ringfinger am 3. Bund
der kleine Finger am 4. Bund
In der ersten Lage sind also Bund- und Fingerzahlen zufällig (meist) identisch.

In der **zweiten Lage** wird die ganze Hand um einen Bund versetzt, d. h., der Zeigefinger greift nun am zweiten Bund, der kleine Finger am 5. Bund. Entsprechend in der **dritten Lage:** Zeigefinger am 3. Bund, kleiner Finger am 6. Bund usw. Kommen also im Verlauf einer Tabulatur höhere Zahlen als 4 vor, muß man aus dem Zusammenhang mehrerer Takte die Lage ermitteln.

Pausenzeichen in der Tabulatur entsprechen denen der Notenschrift:

Ganze, Halbe, Viertel, Achtel, Sechzehntel

Spiel mit Fingern und Plektrum
Der Melodieanschlag kann auf dreierlei Weise erfolgen:
mit dem Daumen,
mit Zeige- und Mittelfinger,
mit dem Plektrum.
Ziel ist in jedem Fall, die Saiten so anzuschlagen, daß sie *parallel zur Decke* schwingen (siehe auch Band 1, S. 165ff.).

Beim Fingeranschlag kann man sowohl die Fingerkuppe als auch den Fingernagel verwenden. Mit der *Kuppe* angeschlagen, klingt der Ton etwas stumpf, mit dem *Fingernagel* heller, klarer, auch schärfer. Empfehlenswert für das Melodiespiel ist ein kombinierter Einsatz von Fingerkuppe und -nagel: Die Saite wird zuerst mit der Kuppe berührt; dann gleitet der Finger (natürlich rasch) auf der Saite zum Nagel, der letztlich den klaren Ton bewirkt. Für die Länge der Fingernägel gilt dabei die Grundregel: sie sollen etwa 1 bis höchstens 1,5 mm über die Fingerkuppe hinausragen, nicht spitz, sondern möglichst rund zugefeilt.
Der Daumen allein erlaubt kein besonders bewegliches Melodiespiel. Wir verwenden daher für Melodien im allgemeinen nicht den Daumen, sondern den Zeige- und Mittelfinger, und zwar abwechselnd, d. h. im **Wechselschlag.** Damit die Spielhand einen festen Halt hat und Zeige- sowie Mittelfinger aus den Wurzelgelenken heraus agieren können, stützt man den Daumen dabei auf die tiefe E-Saite.

Freier Fingeranschlag („tirando")

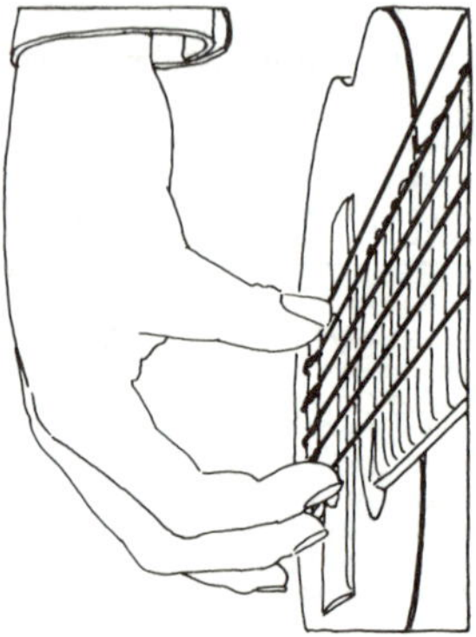

Zeigefinger beim Anschlag der e'-Saite.

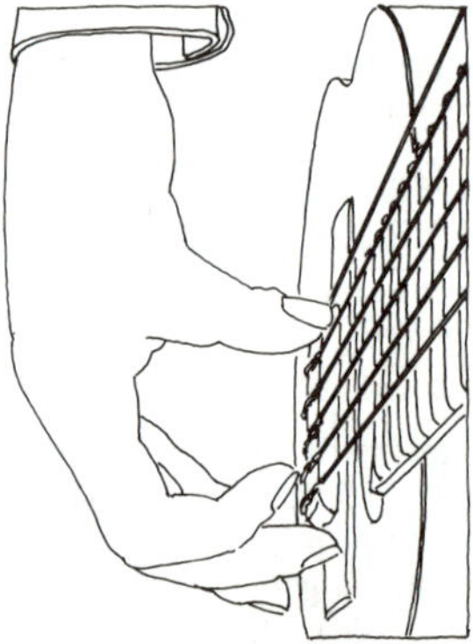

Zeigefinger nach dem Anschlag der e'-Saite.

Zur Bezeichnung der Finger verwenden wir die international üblichen Kürzel der spanischen Namen:

p = pulgar = Daumen
i = indice = Zeigefinger
m = media = Mittelfinger
a = anular = Ringfinger

Für den Wechselschlag von Zeige- und Mittelfinger sind also die Bezeichnungen i und m von Bedeutung (der Ringfinger = a kommt im allgemeinen im Melodiespiel nicht so oft vor).
Gleitet der Finger nur über die Saite ohne nachfolgenden Halt, nennt man diese Spielweise **Tirando.** Üblicher und zweckmäßiger – weil kontrollierter – ist das **Apoyando:** nach dem Anschlag der Saite wird der Finger an der benachbarten Saite (stumm) angelegt; beim Daumenanschlag, entsprechend der Bewegung, an der nächsthöheren Saite, beim Anschlag mit Zeige- oder Mittelfinger an der nächsttieferen Saite. Das Wechselspiel von Zeige- und Mittelfinger im Apoyando nennt man deshalb auch **angelegten Wechselschlag.**

Angelegter Fingeranschlag („apoyando“)

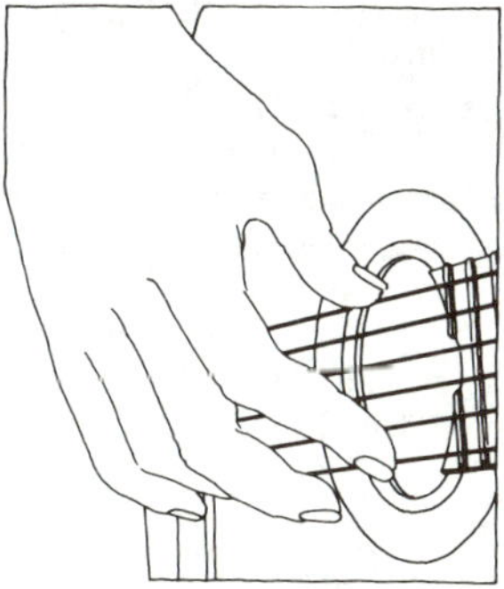

Zeigefinger beim Anschlag.

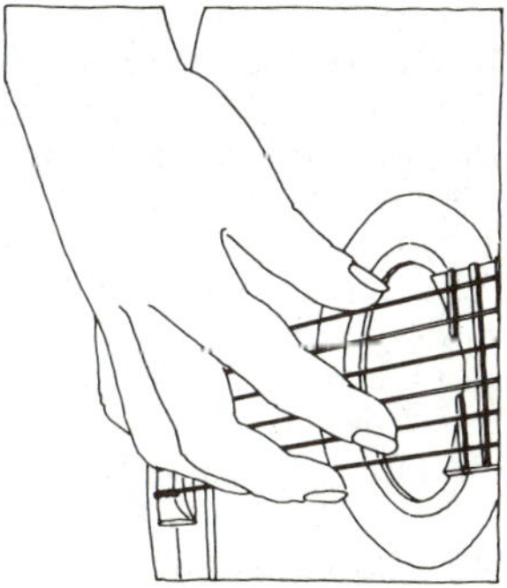

Nach dem Anschlag legt der Zeigefinger an der nächsten Saite an.

Auch bei der Verwendung eines Plektrums gibt es einen Wechselschlag: Ab- und Aufwärtsschläge wechseln sich ab. Anders als beim Durchschlagen mehrerer Saiten (siehe Band 1, Seite 178) bleibt dabei der Unterarm möglichst ruhig; die Anschlagbewegung erfolgt (fast) allein aus dem Handgelenk heraus.

Griffmodelle für Melodien

Während die rechte Hand die Saiten anschlägt, muß die linke die entsprechenden Töne greifen. Für Dur-Tonarten gibt es im wesentlichen drei Griffmodelle, die innerhalb einer **Lage** alle Töne der achtstufigen Tonleiter erfassen. Weitere drei Griffmodelle erschließen alle Moll-Tonarten, wobei verschiedentlich **Lagenwechsel** schon innerhalb der Tonleiter notwendig ist.

Lage heißt: ausgehend vom Ansatz des ersten (Zeige-)Fingers werden die anderen Finger (Mittel-, Ring- und kleiner Finger) am jeweils nächsthöheren Bund angesetzt (siehe auch Seite 165). Setzt also der 1. Finger z. B. am 2. Bund auf, folgen der 2. Finger am 3. Bund, der 3. am 4. und der 4. am 5. Bund. Das klingt nur ein bißchen kompliziert, ist aber ganz einfach, wenn man sich die jeweils versetzte Lage auf der Gitarre anschaut. Innerhalb einer Lage greifen die vier Finger also an vier aufeinanderfolgenden Bünden. Beim Lagenwechsel innerhalb einer Tonfolge gleitet die Hand – mit dem auf der Unterseite des Gitarrenhalses stützenden Daumen – um einen oder zwei Bünde locker ab- oder aufwärts. Die folgenden Griffmodelle erlauben ein Melodiespiel in allen Tonarten, sofern man die Griffhand jeweils in verschiedene Lagen versetzt. Nachstehend werden die Griffmodelle mit den grundlegenden Fingersätzen vorgestellt sowie die Tonleitern der wichtigsten Tonarten in Noten- und Tabulaturschrift. Die übrigen Tonarten werden nur der Vollständigkeit halber entsprechend den jeweiligen Lagen erwähnt.

Erstes Griffmodell (Dur)

Dieses Griffmodell kann von zwei verschiedenen Saiten ausgehen, nämlich von E und A.

Ausgangssaite E

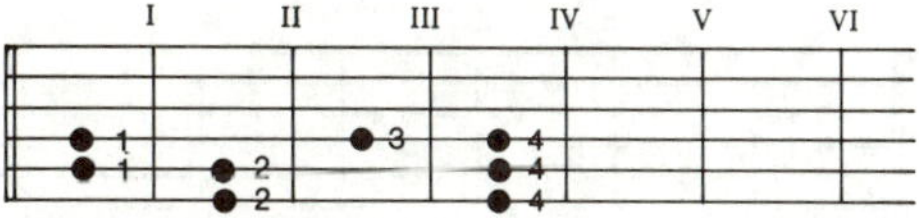

I. Lage: Fis-(Ges-)Dur.
II. Lage: G-Dur:

III. Lage: As-Dur.
IV. Lage: A-Dur:

V. Lage: B-Dur:

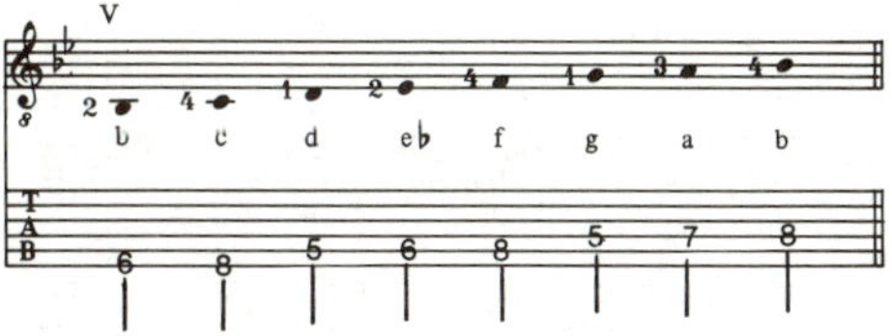

VI. Lage: H-Dur.
VII. Lage: C-Dur.
usw.

Ausgangssaite A

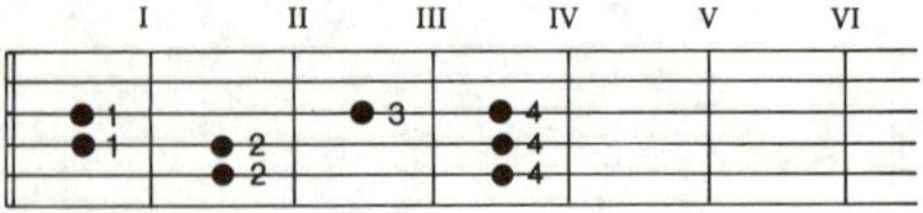

I. Lage: H-Dur.
II. Lage: C-Dur:

III. Lage: Cis-(Des-)Dur.
IV. Lage: D-Dur:

V. Lage: Es-Dur.
VI. Lage: E-Dur.
VII. Lage: F-Dur:

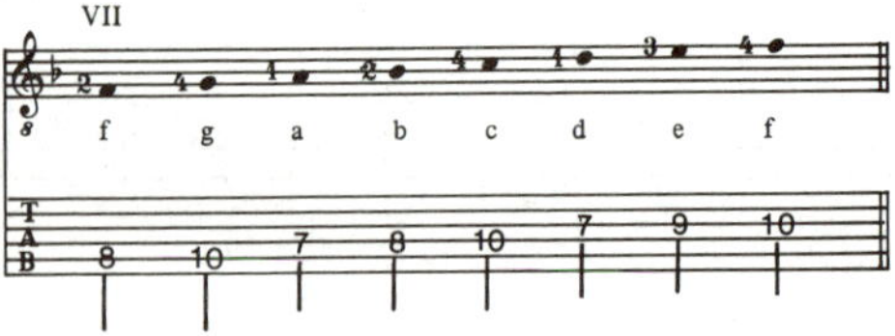

usw.

Zweites Griffmodell (Dur)

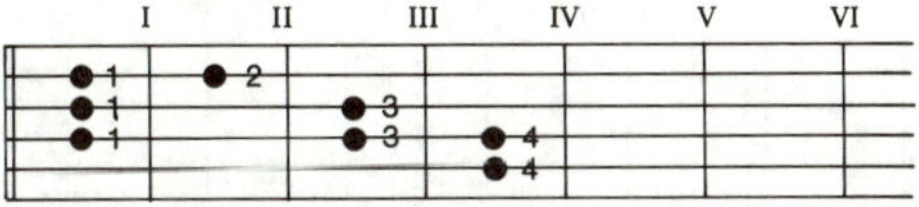

I. Lage: Cis-(Des-)Dur.
II. Lage: D-Dur:

III. Lage: Es-Dur.
IV. Lage: E-Dur:

V. Lage: F-Dur.
VI. Lage: Fis-(Ges-)Dur.
VII. Lage: G-Dur.
usw.

Drittes Griffmodell (Dur)

I. Lage: Fis-(Ges-)Dur.
II. Lage: G-Dur:

III. Lage: As-Dur.
IV. Lage: A-Dur:

V. Lage: B-Dur
VI. Lage: H-Dur
VII. Lage: C-Dur
usw.

Viertes Griffmodell (Moll)

Fingersatz für **natürliches** Moll (hier d-Moll)

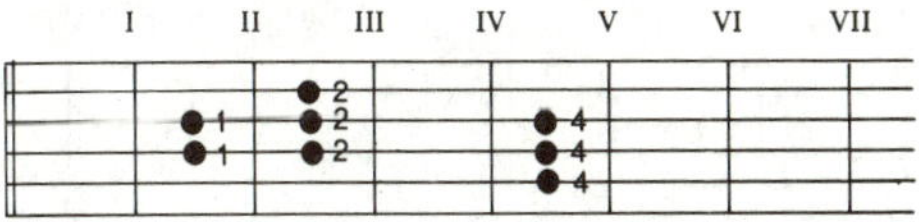

Fingersatz für **harmonisches** Moll (hier d-Moll)

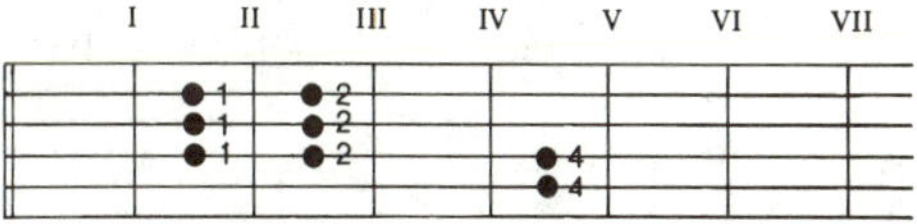

Fingersatz für **melodisches** Moll (hier d-Moll) *aufwärts*

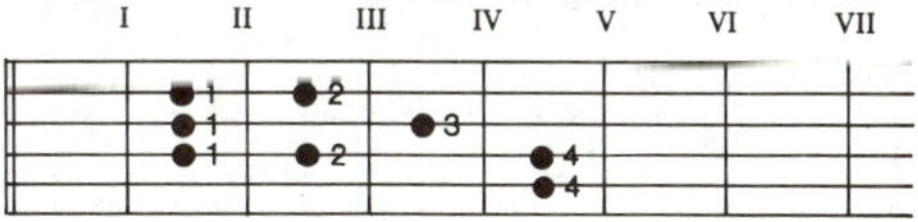

abwärts wie „natürliches“ Moll (s. o.)

I. Lage: cis-(des-)Moll
II. Lage: d-Moll
III. Lage: es-Moll
IV. Lage: e-Moll
V. Lage: f-Moll
usw.

Fünftes Griffmodell (Moll)

Fingersatz für **natürliches** Moll (hier g-Moll)

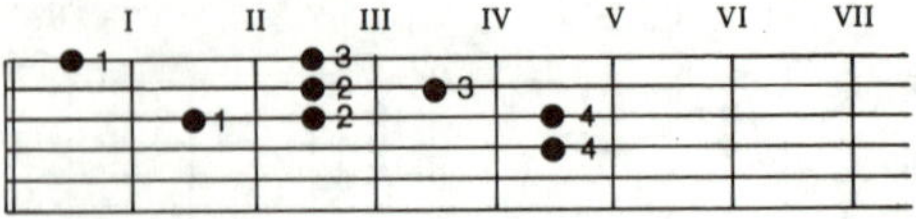

mit Lagenwechsel

Fingersatz für **harmonisches** Moll (hier g-Moll)

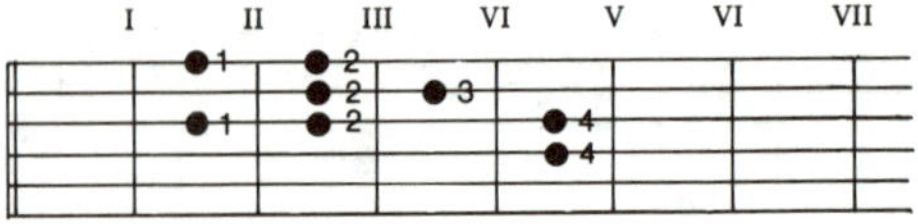

Fingersatz für **melodisches** Moll (hier g-Moll) *aufwärts*

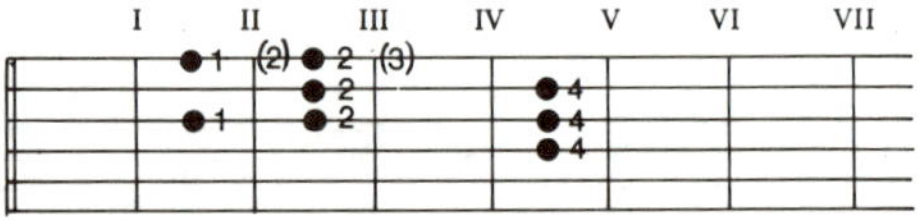

abwärts wie „natürliches“ Moll (mit Lagenwechsel!)

I. Lage: fis-(ges-)Moll
II. Lage: g-Moll
III. Lage: as-Moll
IV. Lage: a-Moll
V. Lage: b-Moll
VI. Lage: h-Moll
usw.

Sechstes Griffmodell (Moll)

Fingersatz für **natürliches** Moll (hier a-Moll)

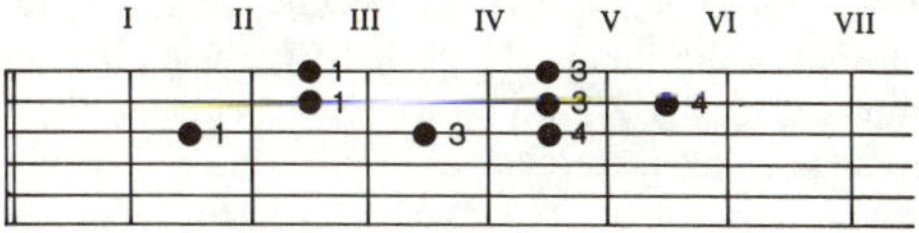

mit Lagenwechsel

Fingersatz für **harmonisches** Moll (hier a-Moll)

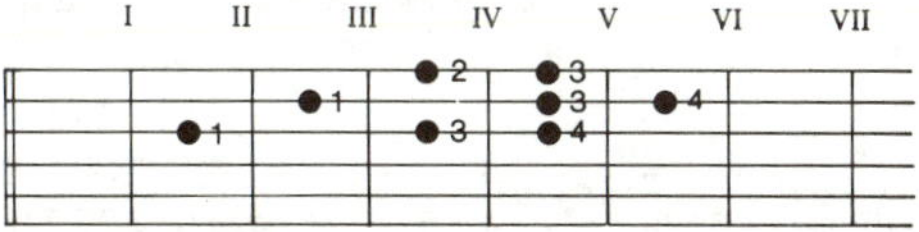

mit Lagenwechsel

Fingersatz für **melodisches** Moll (hier a-Moll) *aufwärts*

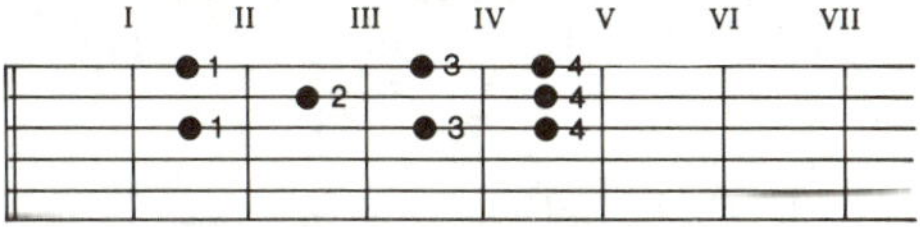

abwärts wie „natürliches“ Moll (mit Lagenwechsel!)

I. Lage: gis-(ges-)Moll
II. Lage: a-Moll
III. Lage: b-Moll
IV. Lage: h-Moll
V. Lage: c-Moll
usw.

Baßläufe

Während der Akkordbegleitung eines Liedes lassen sich oftmals sehr wirkungsvolle Baßläufe einschieben. Sie bieten sich v. a. beim Wechsel von der Dominante (5. Stufe) zur Tonika (1. Stufe) und umgekehrt an (siehe Band 1, Seite 168ff.). Solche Baßläufe sind kurze, meist viertönige Ausschnitte aus der Tonleiter, die mit dem Daumen angeschlagen werden.

Beispiele für wichtige Tonarten:

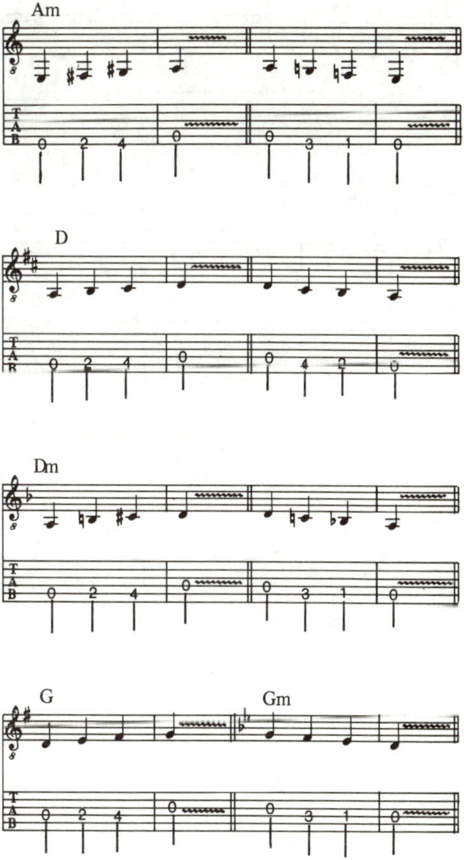
Am
D
Dm
G
Gm

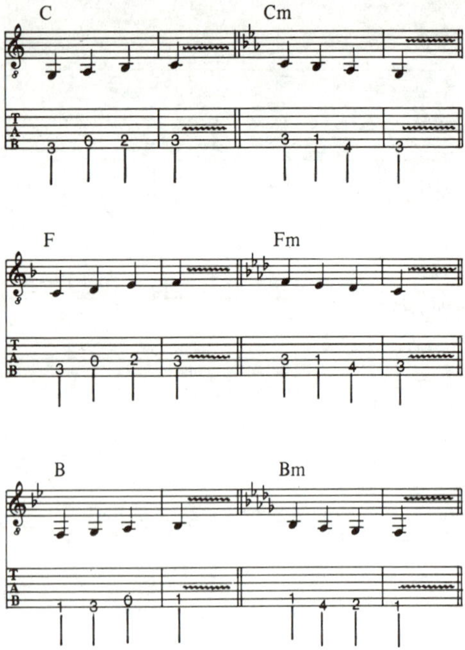
C
Cm
F
Fm
B
Bm

Grifftabelle

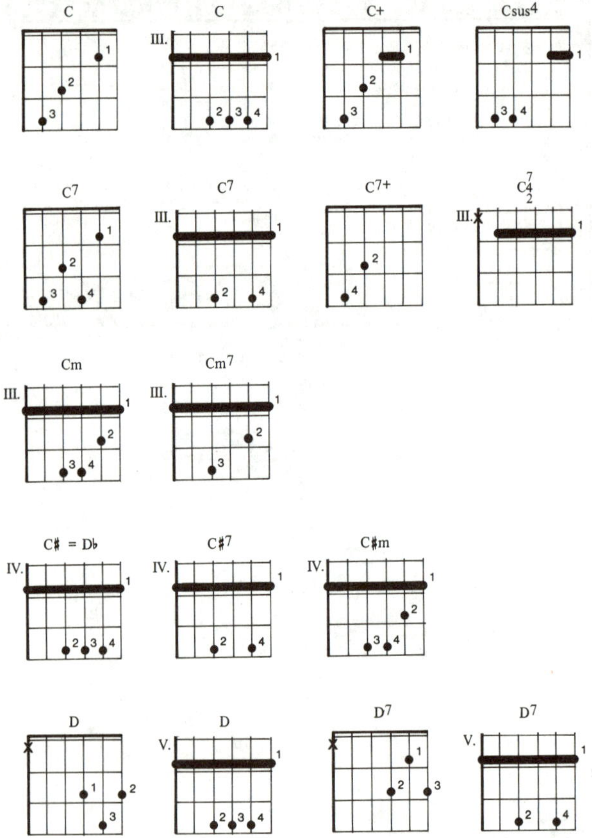

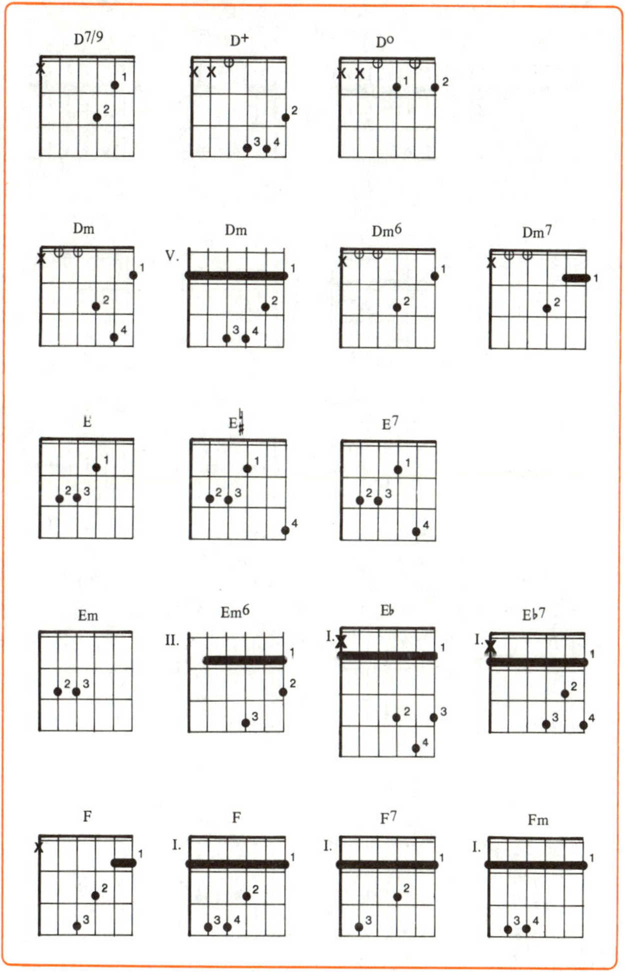
D7/9
D+
Do
Dm
Dm
V.
Dm6
Dm7
E
E7
Em
Em6
II.
E♭
I.
E♭7
I.
F
F
I.
F7
I.
Fm
I.

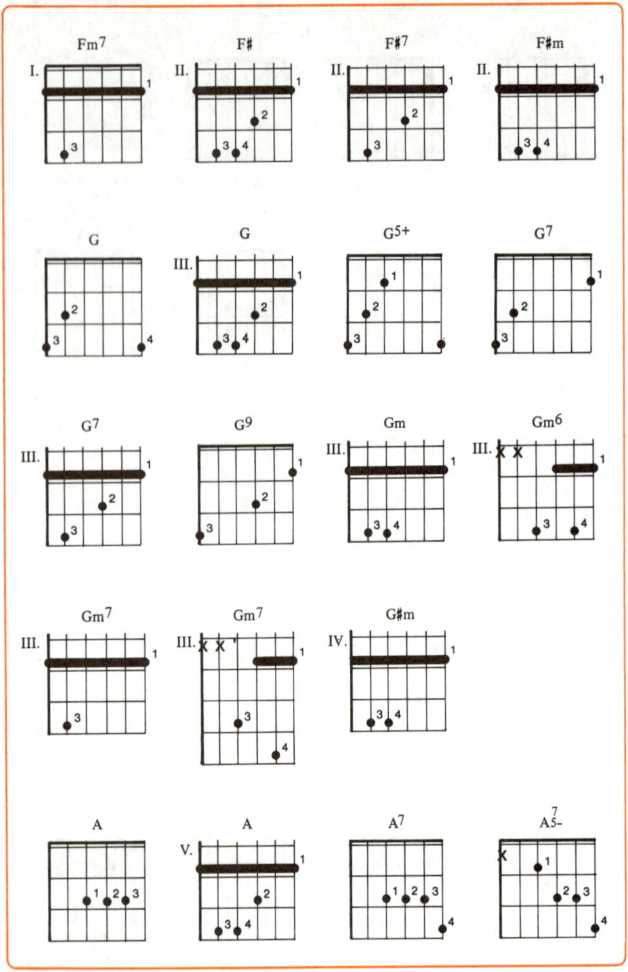
Fm7
I.
F#
II.
F#7
II.
F#m
II.
G
G
III.
G5+
G7
G7
III.
G9
Gm
III.
Gm6
III.
Gm7
III.
Gm7
III.
G#m
IV.
A
A
V.
A7
A7 5-

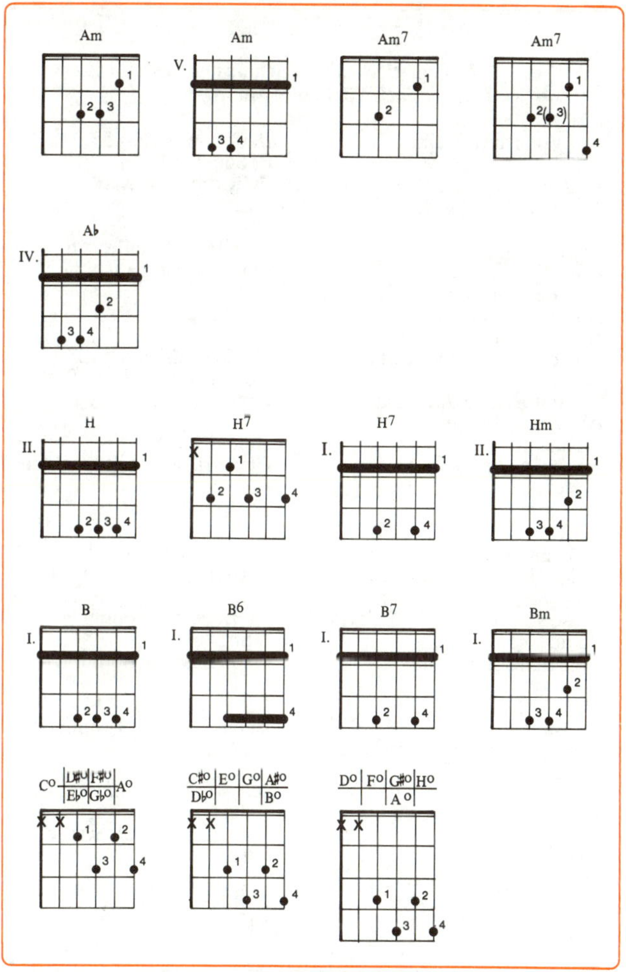
Am
Am
V.
Am7
Am7
A♭
IV.
H
II.
H7
H7
I.
Hm
II.
B
I.
B6
I.
B7
I.
Bm
I.
C° D♯° F♯° A°
E♭° G♭°
C♯° E° G° A♯°
D♭° B°
D° F° G♯° H°
A°

Alphabetisches Verzeichnis der Lieder nach Titeln und Anfängen

Schlagwort-Register

Die gerade gesetzten Seitenzahlen beziehen sich auf *Gitarre spielen, Band 1,* die *kursiv* gesetzten Seitenzahlen auf Band 2.

August 1987 DM 5,– ÖS 40,– SFR 5,– 1B 8437E
ELKA EM 22 ZU GEWINNEN!
KEYBOARDS
HOMERECORDING & COMPUTER
ZEITSCHRIFT FÜR TASTENINSTRUMENTE UND HEIMSTUDIO
8
NAMM-SHOW '87
Die Neuheiten der US-Musikmesse
Marktübersicht
ORGELN + KEYBOARDS
für Alleinunterhalter
Im Test:
KAWAI K5
Digital Synthesizer
SIMMONS SFM 8:2
MIDI-Mischpult
TECHNICS EX-30
Digital Orgel
WERSI EX-10R
Orgelexpander
KEYBOARDS

Neue Serie:
HOMERECORDING
1B 5808 E
DM 5,–
SFR 5,–
ÖS 40,–
Oktober 1987
10
Musiker
GITARREN & BASS
MAGAZIN
DM 70.000,–
PREISAUSSCHREIBEN
Über 200 Preise!
Marktübersicht
SEMI-AKUSTIK-GITARREN
Selbstbau
MARSHALL-TUNING
AKUSTIK-GITARRE
Was bringt die
PROZESSOR-P.A.?
IM TEST
CASIO MIDI-Gitarre
MARTIN Western-Gitarren
ROCKTRON Prochorus
REUSSENZEHN Preamp
ALESIS MIDIVERB II
ESP 5-string Bass
PEAVEY Bass-Preamp
CRAAFT Bass-Top
SIMPLE MINDS ■ JOHN HIATT ■ VALLEY ARTS